私たちが求める
インクルーシブ教育
への挑戦

小学校長の教育実践の試みを通して

渡邉　健治　監修

高橋　浩平　著

監修者のことば

インクルーシブ教育を進めることは、日本にとって大きな課題です。2006（平成18）年の学校教育法の改正により特殊教育から特別支援教育に代わり、通常の学級において発達障害等の子どもが教育の対象となりました。さらに、2012（平成24）年に中央教育審議会の報告でインクルーシブ教育システムが紹介され、それ以来、全国の小中学校等にインクルーシブ教育という用語が行き渡りました。今では、インクルーシブ教育が障害のある子どもと障害のない子どもが共に学ぶ教育であるということについては、教育関係者であれば誰もが知るようになりました。けれども、日本においてインクルーシブ教育が着実に進んでいるかと言いますと、実際はそうにはなっておりません。2022（令和4）年9月9日に国連の権利委員会から日本政府に対して、障害者の権利条約に関する勧告がありました。その勧告では、分離された特別な教育をやめること、質の高いインクルーシブ教育に関する国家行動計画を採択すること、等が指摘されております。確かに、現行、学校教育法における特別支援教育規定では、インクルーシブ教育が明確に打ちだされているとは言い難いと思われます。制度的に明確でないために、インクルーシブ教育を進めるうえで、通常の学校に特別支援教育専任教員を配置するなどの支援体制も十分ではないように思われます。

それでも通常学校の担任の先生方は、学級経営や学級全体の子どもの授業に日々取り組まれております。通常の学級には発達障害のある子ども、学級によっては知的障害のある子どもが在籍していることもあります。学級全体の指導をしつつ、障害のある子どもの指導にも目を配り、授業を進めていても、これでいいのだろうか、もう少しなんとかなるのではないか、それを改善するにはどうしたらいいのか、手掛かりはないのだろうかと戸惑ったり、悩んだりしているのではないかと思われます。

高橋校長先生は、長年、特別支援学級の担任をされておられました。重い知的障害のある子どもには抽象性の高い教科指導は困難と言われているのですが、高橋校長先生は重い知的障害のある子どもに教科指導を試み、成果をあげられました。特別支援学級での経験を経て、校長先生になられるわけですが、障害のある子どもの指導を通じて、インクルーシブ教育についても多く言及されてきました。その知見が第1章、第3章、第4章にちりばめられています。インクルーシブ教育の観点に基づく特別支援教育は、先生方がキャリアを積むうえで必須の内容を有しておりますし、管理職の先生方にとっても、学校経営・学級経営の柱に据えるのに十分に値するものと思われます。

私は、日本でインクルーシブ教育がなかなか進まない現状に腐心している一人です。そんな時、2021（令和3）年7月に高橋校長先生の学校において「通常学級におけるインクルーシブ教育」という題名の講演を行うことを依頼されました。講演が終了した後に、校長先生が発行している「インクルーシブ研修だより」を目にしました。まさに「目から鱗」の思いでした。校長先生は学校運営に多忙を極めておられるのに、多いときには2週間に一度の割合で発行しています。インクルー

シブ教育の理念は理解できるとしても、実際に進めていくのは容易なことではありません。高橋校長先生は「インクルーシブ研修だより」の中で、「杉四小のインクルーシブ教育は『できないことをほったらかしにしない教育』と位置付け、障害だけでなく、生活面や学習面の課題も含めて『できないこと』をどうしたら『できる』ようにできるか、を追求する、というスタンスに立っています。」と述べています。まさに、肩肘張らずに、押し付けるのでもなく、しかし、誰でもが容易にインクルーシブ教育に取り組めるように問いかけております。

　インクルーシブ教育を少しでも進めようとしている通常の学級の先生方、あるいはこれから考えてみようとしている先生にとって、そしてインクルーシブ教育に興味のある方にとって高橋校長先生の手になるこの著書との出会いは、「よくもまーこんなにも」と感服するとともに心が開かれることになるでしょう。どうか皆様、ご一読をお勧めいたします。

渡邉 健治（東京学芸大学名誉教授）

はじめに

　気が付くと、教員生活34年目の春を迎えています。29歳で教員になってから21年間、特別支援学級の担任として過ごしました。副校長として5年間、校長として8年目となり、13年間小学校で管理職をしていることになります。

　もともと、生涯一教員として特別支援学級の担任を最後までやっていこうと思っていたので、管理職になるとは思っていませんでした。しかし、自分が管理職になるということは何らかの意味はあるんだろう、と考え、「では、それは何か」と考えたときに行きついたのが「インクルーシブ教育」でした。

　主として特別支援教育のフィールドに身を置いていた自分ですが、特別支援学級は通常の学校に併設されており、通常の学校で教務主任、生活指導主任を経験する中で、通常の教育と多く接点をもてていたこと、特別支援学級の担任の立場でインクルーシブ教育について学んでいたこと、が大きな要因となっています。

　校長となった翌年から、学校経営の柱の一つとして「インクルーシブ教育」を掲げ、拙いながらも実践を進めてきました。幸いにも「特色ある教育活動」として認めていただき、教育委員会の支援も受けながら、公開報告会や公開研修会を行ってきました。

　そして、先生方には、まずは少しでも学んでもらおうと、「インクルーシブ研修だより」を発行し、読んでもらうことで学んでもらうというスタイルを通してきました。

　このたび、東京学芸大学の渡邉健治名誉教授から「これを本にしたらどうか」と勧められ、また監修者として全体のコーディネートもしていただけることになり、これまでの実践をまとめる意味からも、このような形で出版することになりました。渡邉健治先生をはじめ、座談会に参加してくださった半澤嘉博先生、中西郁先生、ジアース教育新社の加藤勝博氏には大変お世話になりました。ここに感謝いたします。

　拙いながらも、「インクルーシブ教育は通常の学級の変革である」と考えて、実践をしてきました。座談会も含めて、今後インクルーシブ教育を考える一つの手がかりにはなったのではないかと考えています。

　読者の皆様には、ぜひ忌憚のないご意見をいただけたらと思います。

　なお、インクルーシブ教育については現在も様々な見解があり、本書で記した考え方については都や区の方針ということではなく、あくまでも個人的な意見であることを申し添えておきます。

2023（令和5）年3月

高橋　浩平

目　次

監修者のことば

はじめに

第1章　私とインクルーシブ教育とのかかわり

第2章　インクルーシブ教育の実践
　　　　　－「インクルーシブ研修だより」をもとに－

第3章　私たちの進めるインクルーシブ教育

第4章　特別支援学級から見たインクルーシブ教育

第5章　座談会　インクルーシブ教育の方向性と今後の課題

【司　会】 渡邉 健治（東京学芸大学名誉教授）

【参加者】 半澤 嘉博（東京家政大学教授）

　　　　　中西　　郁（十文字学園女子大学教授）

　　　　　高橋 浩平（杉並区立桃井第一小学校長）

おわりに

第1章

私とインクルーシブ教育との
かかわり

1　私と特別支援教育との出会い

①高校から浪人時代を経て

　最初に、少々恥ずかしい話をします。私の父は勤務医で、私は「医者の息子」でした。周囲から「将来はお医者さんよね」と言われて育ってきました。高校時代は「サッカーと演劇と同人誌づくりと生徒会」に明け暮れる3年間でしたが、まあ あまり深く考えずに将来の希望は「医者か教師」と言っていました。高校時代、あまり勉強もせず、「医学部だから1年の浪人は当然」と自分でも思っていました。

　1年間、予備校で学習し、国立大学の医学部一本で受験。結果は不合格で、2浪確定。浪人2年目はさすがに、合格可能性のより高い地方大学を狙い、香川医科大学を受験。合格を信じて疑わなかったため、そのときも他校は受験をしませんでした。このときも結果は不合格。「いや、もう駄目だ」と自殺も考えましたが、「死にたいと思ってもおなかはすくんだな」と思い、スーパーでアルバイトをしながら、通信制の大学に通うことを選択しました。

　通信制の大学のスクーリングに行ったら、先生に「来年受験をして、きちんとした形で入ってくれば？」と言われて、それもそうかも、と思い、半年ほどアルバイトをしたあと、再び受験勉強、医学部のほかに、教員養成系の大学を4つ受験しました。医学部には落ちてしまいましたが（まあ、縁がなかったんでしょうね）、残りの大学には無事合格し、日大の文理学部に入学しました。

　100人以上のマンモス授業に1週間で嫌気がさして、大学に行かなくなりました。その頃、少年サッカーのコーチもしていたのですが、希望する小学生を集めて塾のようなこともしていました。そんな生活をしている中で、「小学校の先生はいいかもな」と思い、小学校の教員の免許を取るために、また大学に行くことにしました。さすがに学費の関係で国立大学しか入れないだろう、と。家から一番近いのは東京学芸大学でしたが、高校のサッカー部の後輩が大学院にいる、と聞いて、それもちょっと恥ずかしいかなと。結局、自宅から通える埼玉大学を受験することにしました。マンモス授業が嫌だったので、小学校の免許が取れるところで、一番定員の少ないところを受けることにしました。それが「養護学校教員養成課程小学部、定員10名」だったわけです。そのときはまだ「養護学校」というものがどういうものか知らず、「保健室の先生が養護教諭というから、そういう免許も取れるのかなあ」くらいの気持ちでした。今思えば、この「養護学校教員養成課程小学部」を選んだときから特別支援教育との出会いは始まっていたと言えます。

②埼玉大学時代

　18、19歳の中で25歳の1年生。先輩よりも年上、というところで周囲はやりづらかったかもしれません。塾や家庭教師のアルバイトをしながら大学生活を再開しました。

　埼玉大学の4年間、とにかく「勉強しなくちゃ」の思いでやってきました。当時教育学部に安川寿之輔先生がおり、その方が「女性論ゼミ」というのをやっていたのですが、その案内の中で安川先生が「大学はレジャーランドではない」と書かれていたのに惹かれて、1年生でありながら、ゼミに入ることを安川先生にお願いに行きました。「今年度の申し込みは終わったけど、今年度授業に参加したら、来年度単位は認定してあげるから参加しなさい」と言われて、参加することが

できました（もっとも安川先生は翌年に名古屋大学に移られたので、単位はいただけませんでしたが）。

　女性論ゼミではボーボワールの『第二の性』などを読んでレポートなどというハードなものでしたが、とても鍛えられて、また勉強もできました。「郵便ポストの数だけ保育所ができれば、女性は働くことができるんだ」という安川先生の主張に「いや、少なくとも2、3歳までは親が子育てすべきではないか」とゼミ合宿で議論したことを覚えています。

③埼玉大学教育学部障害児学科

　私が入学したときに、先崎正次郎先生、清水寛先生、西村章次先生の3人が障害児学科の担当教員でした。養護学校教員養成課程小学部（養小）、養護学校教育養成課程中学部（養中）教育心理学科障害児教育専修（障専）の学生が「障害児学科」と呼ばれていました。

＜先崎正次郎先生＞

　先崎先生は当時学科長をされていました。先崎先生の授業はテーマを与えられ、それについてレポートする、という授業で、私は「教育課程」というテーマでレポートをしました。1回目の発表をしたあと、「何か足りないですね。もう一回レポート発表してください」と言われ、2回目の発表をしたあと、「まだ何か足りないね。もう一度レポートしてください」と結局、3回レポート発表をさせられたことが印象に残っています。でも、そこが私の教育課程を考える出発点だったような気がします。

＜清水寛先生＞

　1年生の必修に「障害児教育学入門ゼミ」というのがあるのですが、そのゼミ長に「あなたが年上だから」と選出され、研究室にあいさつに行ったのが、清水先生との出会いです。清水先生にはいろいろと目をかけていただき、3年生の方法学演習ゼミの合宿に連れて行ってもらったりもしました。2年生の必修「障害児教育学概論」の授業では、「一緒にテキストを作りませんか」と提案され、毎回、多くの文献を読み、大事な点を抜粋し、一冊のテキストを作るということをやっていました。前日に清水先生がテキストの序文を書かれて、それをワープロで打って、資料を切って貼って原稿を作り、徹夜してテキストを印刷、製本して、次の日の朝1限の授業に配布する、1週間に1回、そんなことをしていました。ルソーの『エミール』やセガンも、そのときにずいぶんと読まされました。学生が主体となって講演会を企画したい、と清水先生がおっしゃられて、当時元障害児学級担任の大野英子先生に大学に来ていただいて、講演会の開催を中心になってやらせいただいたりもしました（ちなみに、この講演会で、大野先生が「私が障害児学級の担任だったときは、障害児学級は一番日の当たるいい場所に置かれていた。私が異動したら、障害児学級は日の当たらない場所に移動していた」という話を聞いて、「障害児学級は日々闘いだなあ」と私は感じました。このことが、私が障害児学級教員を志した大きな理由になっています）。

＜西村章次先生＞

　『障害児の実践と発達の診断』を書かれて、この当時、東京のあちこちの特別支援学校（当時は養護学校）に呼ばれていた西村先生は3年生のときに「障害児発達心理学ゼミ」「重症心身障

害学」の講義でお世話になりました。ゼミの方では、「自閉症児の発達診断」について研究し、「重症心身障害学」では、論文を読んで、概要をレポートする、という授業でした。森博俊先生の論文を発表したことを覚えています。

4年の卒論ゼミでは西村研究室に所属し、西村先生のご指導で「自閉症児の感情表出におけるパターン分析」というタイトルの卒業論文を書き上げました。

④武蔵野 YMCA での活動

同時に、この時期から始めたのが「障害児の野外活動ボランティア」でした。

2つ年下の弟が私よりも早く大学生（慶應義塾大学商学部）になっていて、当時武蔵野YMCA というところで障害児の野外活動のボランティアをやっていました。以前にも誘われていたのですが、「俺は健常児で手一杯で、とても障害児までかかわる余裕がない」と言って断っていました。大学が障害児教育の教員を育てる学校と知って、「だったらやらなきゃ」と弟に言われたこともあり、YMCA で行われる月1回の野外活動にボランティアで参加しました。

1回目に参加したときに、自閉症の子やダウン症の子と「初めて」かかわったわけですが、自分でもそんなに違和感なくかかわることができました。今思えば、「初めての参加だから」それほど大変じゃない子を選んで、そのチームに入れてくれたんでしょうね。

そのときの YMCA のディレクター、川村隆さんが、120 名いたメンバー（障害児）に年齢制限を設けて、いったん人数を減らし（そのときに外された 20 歳以上のメンバーは夏のキャンプには引き続き参加可能という条件で）、大規模の人数で行動することをやめて、小グループでの活動をメインとする活動に変革していきました（このときに私たちリーダー（ボランティア）が参考にしたのが、エリック・ショプラーの Teeach プログラムです。ビデオを見たときに、アメリカ人の自閉の子がピョンピョンはねているのを見て、「うぉー、自閉症は万国共通だなあ」と思ったのを覚えています）。

夏のキャンプは4泊5日で山中湖の YMCA のセンターで行うのですが、メンバー 120 名以上、これをメンバー6名、リーダー3名くらいの小グループに分けて、そのグループごとに活動をするという形をとりました。全員がそろうのは初日の夜のキャンプと、朝食・夕食の食堂（そこも、グループごとに準備ができたらいただきます、ごちそうさまでした）だけで、あくまで活動のメインはそのグループ、ということで進めました。比較的集団行動がしっかりとれるグループは、行き帰りを公共交通機関を使って移動、ということもしました（借り上げバスに全員乗れなかったこともあったので）。この経験の中で、「その子に合わせた課題を設定することの大切さ」を学びました。

また、YMCA で「自閉症の講座」を開催し、当時、佐々木正美先生や長瀬修先生をお迎えして講義を聞いたり、最後は、私たちの冬季キャンプが講座のまとめになっていたりしました。「小グループ主体の活動」ということと「自閉症児の活動」がかなりフィットした、という実感をもてた講座となりました。

⑤そのほかのボランティア体験

学生時代施設の宿泊のお手伝いにも行きました。目黒の施設でボランティアを募集していて、

内心、「あんまり気が進まないなあ」と思っていたのですが、先輩が、「もう OK しちゃったんで」と言うので、いやいや行きました。私がボランティアでついたのが、40 歳の脳性マヒの Y さんで、とにかく、最初は Y さんが何を言っているかわからず往生しました。「こうですか？これでいいですか？」と、おどおどしながら接していました。早く逃げ帰りたい、その一心でした。

　ところが、その日の夜夕食のときに、Y さんがビールを持って、「高橋さん、ま、いっぱい、いこう」とビールをついでくれて、「ああ、よくわからなかったけど Y さんは感謝してくれてるんだな」と思ったのと、結局はボランティアとか支援者とか言ったって、最後は、「人と人との付き合い」なんだな、とそのときに思いました。そのことがあってから、何か変な自信のようなものが身に付いて、筋ジストロフィーのみなさんの宿泊旅行のボランティアにも積極的に参加させてもらいました。こうした経験も、今の自分にどこか影響を及ぼしているのではないかと思います。

2　特別支援学級の担任として

①初任校

　東京都下の多摩地区、調布市立第一小学校ひまわり学級、ここが私の初任地でした。児童数 20 名で担任は、私を入れて 4 人でした。

　赴任して、通常の学級の先生から最初に言われたのが「（心障学級が）第 1 希望だったの？」というものでした。その頃は通常の学級の空きがないときに、とりあえず特別支援学級の担任で採用しておいて、何年か経験した後通常の学級に校内異動で移るということがあったので、そんな質問がきたのだと思います。

　また、私の年からそれまでの「新規採用教員研修」から新たに「初任者研修」が始まりました。当時の文部省が夏休みの研修として、初任者の教員を船に乗せて、全国で研修する、いわゆる「洋上研修」を行った最初の年です。調布市には 15 名新規採用者がいましたが、そのうちの 10 名が洋上研修に参加しました。私は、当時の校長先生から「いい話がある」と言われてその話を聞いたのですが、ちょうど学級で 6 年生の担任をしており、夏の臨海学園と日程が重なっていたので、丁重にお断りをしたことを覚えています。

　校内の研修では、私の指導教官を前年度 1 年間特別支援学級の担任をしていて、管理職試験に合格していた要員の先生がやるということになり、職員会議が紛糾したことがありました。特別支援学級の先生は「和菓子屋に働きに来て、ケーキ屋の職人に習うようなものだ」と反対されました。当時の校長は「心障学級の担任としてだけではなく広く公立学校の教員として研修を行う」と説明し、結局、その要員の先生と学年主任の先生の 2 人が指導教官となり、通常の学級での研究授業も行いました。特別支援学級の授業も、市内 3 校の特別支援学級の合同の研究で、都の研究をしていて、調布一小の研究授業のチーフをさせてもらったりしました。他市や調布養護学校も含めた連合運動会の実行委員長も、「とくに何もないから行ってきなさい」と委員として送り出されたのに、「調布が長をやるとうまくローテーションが戻る」ということになり、新規採用教員ながら、私が実行委員長をやることになりました。次の会合から学年主任同席のもと、委員長

をやりました。

　1年目は、ベテランの先生と組んで4、5、6年の担任をしました。6年生に双子の子がいて、お母さんが「前の先生は結局最後まで2人の違いが判らなかった」と言われてあせりました。どこかに違いはないか、よく見て、弟の方にだけ、目の下に小さいほくろを見つけたときはうれしかったですね。もっとも、そのうちそんな手掛かりなしでもわかるようにはなりましたが。

　調布の特別支援学級の先生たちで、西村章次先生の『実践と発達の診断』の学習会をしていましたが、その講師が喜田正美先生でした。「あなたは西村研だったんだから私よりも知っているだろう」と言われたことを思い出します。

　実践レポートはよく書いていました。組合にレポートを持って行くと、先輩の先生方が「まあ、西村研らしいわ」とよく批判されていました。高橋の実践は「寺子屋方式」「回転すし方式」であり、集団での授業になっていない、とよく言われましたね。確かにそういうところはあったかなと思います。

　現場に入って、逆に「きちんと勉強をしていかないと」という意識にかられました。教員になった翌年に日本特殊教育学会の会員になり、研究大会に参加をしました。1993（平成5）年10月に福井大学で行われた「障害児教育の最前線と最先端」というワークショップに参加した私は、その中で「研究者はもっと現場に出てきて欲しい」と発言しました。ワークショップの終了後、私のところに駆け寄ってきたのが、ワークショップの企画者の渡邉健治先生でした。「（東京）学芸大学で現場の先生を入れた研究会を行っているが、特殊学級の先生は少ないのでぜひ参加して欲しい」と言われたのが、渡邉先生との出会いです。

②障害児教育課程研究会

　渡邉先生に誘われて参加したのが、障害児教育課程研究会（のちの障害児教育実践研究会）でした。ここでの多くの出会いが今の私の実践を形成していると言っても過言ではありません。それほど多くの影響を受け、また多くの財産をいただきました。この障害児教育課程研究会のメンバーが集まり、1995（平成7）年に「特別なニーズ教育とインテグレーション学会」（略称 SNE 学会、現在の特別ニーズ教育学会）が設立され、11月に東京学芸大学で設立大会が開催され

表1　世田谷・烏山小つくし学級での 14 年間

年度	8	9	10	11	12	13	14	15	16	17	18	19	20	21
西暦	96	97	98	99	00	01	02	03	04	05	06	07	08	09
児童	07	11	12	19	22	25	33	30	32	32	29	31	31	30
学級	1	2	2	3	3	4	4	4	4	4	4	4	4	4
担任	2	3	3	4	5*	5	5	6*	6*	6*	5	5	5	5

※ H12、15 ～ 17 は重度加配で担任が1名加配された。

14

ました。分科会で「特殊学級教育の実践からの提言」という発表をさせていただき、そこから
SNE 学会とのつながりができました。1 回理事もさせていただいています。

③初めての異動

　1996 年に調布市立第一小学校から東京都区内、世田谷区立烏山小学校へ異動になりました。
異動に際して、組合のベテランの先生たちから「北多摩東の支部内で異動するように」と言われ、
異動カードを見せて、「ぼくはここ（北多摩東支部の市）しか書いていませんからね」と言ってい
たのですが、ふたを開けたら、希望をしていない世田谷でした。内示を受けて「え、世田谷ですか!」
と言うと、当時の教頭が「高橋さん、沿線沿いだよ、沿線沿い」（烏山小の最寄り駅は仙川駅で、
調布市でした）。

　烏山小学校に面接に行くと、当時の校長先生が開口一番、「希望外だったんだよねぇ…」と言
うので、「いや、言われた学校が自分の学校ですから」と話したのを思い出します。

　そうして始まった烏山小学校での勤務でしたが、結果として、この烏山小学校に 14 年いまし
た（長くいるために主幹になり、管理職試験を受け、管理職研修を現任校でやらせてもらう、と
いうことで 14 年残ったのです）。

　私が異動したときは烏山小学校つくし学級は児童数 7 名、担任 2 名の小規模学級でした。そ
れが 11 人になり、12 人になり 19 人になり、30 人規模の大規模学級となっていきました。異動
当初の通常の学級のベテランの先生方から「高橋さんが（子どもを）増やしたんだから、減らして
から出ていきなさいよ」と言われて、ズルズルと異動時期を逸してしまった、という感じです。
この烏山小学校 14 年間の研究と実践を行う中で、私は多くを学び、また研究仲間、同僚、子ども
たちに鍛えられてきました。

　14 年間の中で、特別支援学級の算数の授業を系統的に整理し、算数指導の系統性について
作成できたことは大きかったです。学級として公開研究会も 7 回実施しました。12 月 28 日という
仕事納めの日に公開研究会を開いたこともあります。都内から 100 名以上の参加がありました。
考えてみれば、特別支援学級の担任というのは、日ごろはなかなか他の先生方の授業を見に行く
ことができません。「冬休みに授業を見ることができる」というのは案外大きかったのかもしれま
せん。

　また、SNE 学会の研究大会のプレ企画として公開研究会を 2 度実施させていただきました。
大学の先生が 10 人以上も見えて校長室がいっぱいになる、ということもありました。

　実践で印象深いのは、「いのちの授業」です。これは総合的な学習の時間が始まるときに、障
害の重い子も含めて特別支援学級で総合的な学習の時間をどう展開していくか、ということを命
題にして取り組んできた学習です。体験と積み重ねを大切にしながら、実践を展開してきました。
これも 10 年近く実践を展開しました。

　運動会では、該当学年に参加するほか、特別支援学級独自の演目を行っていました。たとえ
ば 1 年生だと、かけっこに参加し、表現（ダンス）に参加し、競技（玉入れ）に参加し、それに
加えて学級独自の演目（表現）もやっていたわけです。ですから、リレー選手と同じ参加数でした。

実態によって、「騎馬戦はやめておこう」と選ぶこともできたわけです。

学級独自の演目は、私が行った当時、4年生が交流学年で手伝いに来ていました。学級の中では、言葉のない、障害の重い子もいたので、途中から交流学年を6年生にしてもらい、6年生と学級の子でダンスを行っていたのですが、始まった当初は、「つくしの子と一緒に踊りたくない」という6年生がいて、担任に言われて仕方なく来た、と泣きながら訴えられたりして、「泣いてまでやることじゃないから」とお引き取りいただいたこともあります。続けてやっていく中で、「6年生になったら運動会でつくしさんと踊るんだ」ということが定着して、ある年は6年生が「みんな踊りたがっているんだ」ということで6年生全員と踊ったこともありました。だいたいつくしの子と6年生でペアになり（支援がたくさんいる子には2人ついて）踊りました。終わりの数年間は、大人が入らずに学級の子と6年生だけで演技をすることができていて、当時見学に見えた教育委員会の方からは「これこそ特別支援教育ですね」と言われたりもしました。

該当学年に入るということも、調布の学級にいたときに行っていたのですが、障害の程度が重い子ほど「無理して一緒にやる必要があるのか」とよく通常の学級の先生に言われました。無理強いはしない、でも生活年齢が同じ集団での活動も大切にしたい、という思いでやってきました。烏山小へ行ったときに、つくし学級の子は1年生のかけっこに一緒に出て走るのと、つくし学級の演目（4年生とダンスを踊る）だけだと言われて、「該当学年参加で」とお願いしたことを覚えています。理解を示した先生もいる一方、該当学年参加をはじめて3年くらいたって、運動会前にあいさつに行ったときに「え、つくしさんって一緒にやるんだっけ？」などと言われたこともあります。通常の学級の先生たちの思いも様々でしたが、ある年、6年生の先生が子どもたちに「みんなが先に（隊形移動を）覚えて、つくしさんをフォローしていくんだよ」と指示するのを聞いていて、継続することは大事だなと思いました。

交流についても、「特別支援学級の担任が通常の学級の担任に頭を下げて行うことではない」と思っていたので、基本的にこちらからお願いはしませんでした。ある年に他区から転勤してきた先生が「どうしてつくしさんは給食交流に来ないの？」と言われて、そういっていただけるなら行きますよ、と給食交流が始まり、その後給食の交流は定着していきました。

主幹になって、特別支援学級と通常の学級の交流の提案をしたときに、前の年までは「特別支援学級の担任の高橋の提案」だったのが、「教務主任の高橋の提案」となって、通常の学級の先生たちの受け止め方がガラッと変わった、ということもありました。

3 特別ニーズ教育

前述のSNE学会（特別なニーズ教育とインテグレーション学会、のちに改称して特別ニーズ教育学会）にかかわるようになって、特別支援教育という枠だけではなく、特別ニーズ教育にも関心をもつようになりました。それは、特別支援学級担任という、通常の学校の中に併設されている学級の担任だということが大きかったように思います。通級での指導、外国人の指導、など、広い視野で特別支援教育を見ていくようになりました。「特殊教育から特別支援教育への転換」

という時期でもあり、この時期に、インクルーシブ教育についても、清水貞夫先生や渡邉健治先生などからいろいろと学びました。

4　管理職として

①副校長となって

2010（平成22）年より杉並区立桃井第一小学校に副校長として赴任しました。教員から副校長になって思ったのは、「異動ではなく転職だ」ということです。ハンコを押す量が飛躍的に増えました。事務や対外的な対応に忙殺される中、副校長時代は、通常の学級の支援の必要な子の支援に入っていました。ADHDと言われる子、明確な診断は出されていなくても、いわゆる発達障害的な行動をとる子など、通常の学級に在籍している子を、通常の教育の中で、どんな支援が可能なのか、また逆に限界はどこか、ということを考えて取り組んでいました。

②校長として

2015（平成27）年、同じ区内の杉並第四小学校に校長として赴任しました。唯一の子ども園併設校で、1年間は兼任で園長もしていました。誕生日会の参加、時間をもらってレクリエーションの活動などをやらせてもらうなど、幼児教育の現場での経験は、大きな財産になりました。

前任者からの引き継ぎで、高円寺中との小中一貫教育、高円寺北子供園との幼保小連携教育を進めること、4年後に迫った杉四小・杉八小、高円寺中の3校が一緒になった小中一貫教育校の開設準備がミッションとして示されていました。

校長2年目から、学級経営の柱の一つに「インクルーシブ教育」を掲げ、①小中一貫教育、②幼保小連携教育、③学力向上、④体力（からだ力）向上、⑤インクルーシブ教育、の5つの柱で学校経営を進めました。

インクルーシブ教育を始めた当初は職員も「インクルーシブ教育ってなんだ?」という状態でしたから、インクルーシブ教育に関して、研修だよりを書いて職員に読んでもらいました。以後、このスタイルを基本として行っています。杉四小では、4年間、インクルーシブ教育を進めましたが、毎年研究リーフレットを作成し、発信をしてきました。

③異動して、統括校長に

2019（平成31）年、コロナウィルスの影響の中、高円寺学園の新設、杉四小の廃校のタイミングで、桃井第一小学校の統括校長として異動になりました。奇しくも副校長として5年間過ごした学校に戻ってくることになりました。入学式のあと、臨時休校が2か月、この間、インクルーシブ教育を学校経営の柱の一つとして位置付け、研修だよりを発行し、先生方に読んでもらいました。2021（令和3）年からは小中の連携をインクルーシブ教育を柱に進めるということで、井荻中・四宮小・桃一小の3校で3校合同インクルーシブプロジェクトを立ち上げ、研修だよりを読んでもらうほか、合同での研修会も実施してます。

私のこれまでの教員としての歩みを簡単に書かせてもらいましたが、校長になってからは、研究会や学会で学んだこと、そして何より現場の子どもたちとかかわりながら、インクルーシブ教育

をどう現場で実践していけばよいか、ということに自分の力点を置いて学校経営をしてきた、と思います。今後も機会が与えられる限りは実践・研究を進めていきたいと思っています。まだまだ現在進行形です。

　これまでの実践や研究については、以下の文献で詳しく述べています。関心のある方はこちらもお読みください。

＜参考文献＞
高橋浩平「いのちの授業」特別なニーズ教育とインテグレーション学会編『SNE ジャーナル第 6 巻第 1 号、特別なニーズ教育と「総合的な学習」』文理閣、2001 年、P26-37
高橋浩平「障害児教育実践研究会の昨日・今日・明日−私と実践研−」『障害児教育実践の研究』22 号、2012 年
渡邉健治・湯浅恭正・清水貞夫編著『キーワードブック・特別支援教育の授業づくり　授業創造の基礎知識』クリエイツかもがわ、2012 年（「算数の授業づくり」「生活科の授業」「総合的な学習の時間」を執筆）
渡邉健治監修　障害児教育実践研究会編『拓き・確かめ・響きあう知的障害教育の実践』田研出版、2013 年（第 6 章「知的障害児の算数指導」執筆、P73-84）
渡邉健治監修　障害児教育実践研究会編『「考える力」を育てる教育実践の探究』ジアース教育新社、2013 年（第 5 章第 2 節「総合的な学習の時間『いのちの授業』」執筆、P152- 162）
高橋浩平「特別支援学級におけることばの授業づくり」浜本純逸監修　難波博孝・原田大介編著『特別支援教育と国語教育をつなぐ　ことばの授業づくりハンドブック』渓水社、2014 年
高橋浩平「特別支援学級で育む学力」渡邉健治監修、丹羽登・岩井雄一・半澤嘉博・中西郁編『知的障害教育における学力問題』ジアース教育新社、2014 年
高橋浩平「第 13 章　知的障害教育における算数指導の基礎・基本−特別支援学級の授業実践をもとに−」渡邉健治監修『知的障害教育における生きる力と学力形成のための教科指導』ジアース教育新社、2017 年

第2章

インクルーシブ教育の実践

－「インクルーシブ研修だより」をもとに－

第1節　「インクルーシブ研修だより」について

この節では、「インクルーシブ研修だより」がどのような意図で、どのような経緯で始まったかを説明しています。

　2016（平成28）年、杉並区立杉並第四小学校で、インクルーシブ教育を進めることにしたときに、導入の意味合いも込めて、職員向けに「インクルーシブ研修だより」を発行しました。いきなり「インクルーシブ教育」と言われても、職員は戸惑うだけだろうし、一緒に考えていく必要があると考えて、たよりを作ることにしたわけです。1年のブランクの後、2018（平成30）年、2019（平成31・令和元）年と杉並区立杉並第四小学校で発行していました。当時杉並区立杉並第八小学校、杉並区立高円寺中学校と3校合同でインクルーシブプロジェクトを行っていた関係で、3校の教員にも配布していました。

　2020（令和2）年に杉並区立桃井第一小学校へ異動し、桃一小の職員を対象に研修だよりを発行しました。この年はコロナ禍で臨時休校が2か月あった年です。2021（令和3）年には杉並区立四宮小学校・杉並区立井荻中学校と3校合同でインクルーシブプロジェクトを行うことにして、3校の職員に配布しています。

「インクルーシブ研修だより」No.1（2022.4.6）

　その他、旧職員や、知り合いの方にも読んでいただいています。3校の職員以外に100名以上の方に配布しています。

　原則は「A4裏表1枚」で、朝のちょっとした時間に読めるようにしてきました。

　本にするにあたり、「インクルーシブ教育の実践」と題して、これまでの研修だよりを項目別にして再構成しました。それぞれの節の冒頭に生のインクルーシブ研修だよりをあえて入れています。雰囲気を少しでも感じ取っていただければと思います。

　私自身も、日々悩みながら書いているので、そんな試行錯誤も感じ取っていただければ幸いです。

　なお「初出」とあるのは、同じ内容のものを違う年度で出したこともあったので、最初に出した年度が分かるように、それぞれの文章の最後に追記しています。違う年度で出したものは「再掲」の表示をしています。

　また、このたよりの章については、あくまで「たより」を引用して紹介している、という形になっています。学校等において職員に配布されたものです。

第2節　インクルーシブ

この節では「インクルーシブ」について書いたたよりをまとめてみました。「インクルーシブ」の概念的なことから現場でどう考えていったらよいのかを提示しています。

1　インクルーシブ教育とは？（その1）

「インクルーシブ」とは直訳すると「包摂する」「包み込む」といった意味であり、様々なものを幅広く包み込む、というようなイメージです。

①障害者権利条約

「インクルーシブ教育」を考えるとき、まずは国連総会で採択された「障害者の権利に関する条約」※（「障害者権利条約」）を押さえる必要があります。

- ・2006（平成18）年12月13日　ニューヨークで採択
- ・2007（平成19）年9月28日　高村正彦外務大臣がニューヨークで署名
- ・2013（平成25）年12月4日　日本の国会で承認
- ・2014（平成26）年1月20日　批准書の寄託

「インクルーシブ研修だより」No.17（2018.12.22）

・2014（平成 26）年 1 月 22 日　公布及び告示

（条約第 1 号及び外務省告示第 28 号）

・2014（平成 26）年 2 月 19 日　我が国について効力発生

　国連で採択されてから日本が批准するまで 8 年以上かかっています。これは、この条約の規定の中に、次のように書かれていることが一つの理由でした。

　　第 24 条「障害者が障害を理由として<u>教育制度一般から排除されないこと</u>及び障害のある児童が障害を理由として無償のかつ義務的な初等教育から又は中等教育から排除されないこと」

　（下線筆者）

（※追記　障害者権利条約は麻生内閣で批准しようとしましたが、当時の民主党の反対で見送られました。鳩山内閣で、国内の法整備が進んでいないため、改革に取り組み、障害者基本法 2013（平成 25）年最終改正）が制定されました。民主党政権がほとんどの整備をし、安倍内閣で仕上げた、という経過があります。）

　この一文をもって、「障害があっても普通教育（通常学級での教育）を受けさせるべき」と主張される方もいます。しかし、そう考えると特別支援学校や特別支援学級は必要がない、いらない、ということになります。また実際に特別支援学校や特別支援学級があること自体が障害者差別だ、と主張される方もいます。

②日本の「特殊教育」

　日本は障害のある子に対する教育は、「特殊教育」といって、通常の教育とは別に教育をしてきました（「別学体制」というような言い方もされます）。また、視覚障害、聴覚障害の児童が盲学校、ろう学校に行くことは戦後すぐに義務化され（1948（昭和 23）年）実施されたのに、知的障害については、1947（昭和 22）年の学校教育法で養護学校の義務化が規定されたにもかかわらず、実際の実施時期は大幅にずれ込みました。東京都が国に先駆けて障害児希望者全員就学実施をしたのが 1974（昭和 49）年、国が養護学校義務化にしたのは 1979（昭和 54）年と遅かったのです。

　養護学校義務化以前は、養護学校（現在の特別支援学校）は知能検査等を行って一定の能力のあるものを入学させるということがありました。したがって、行く場所がない、学校に行かれないという知的障害の子たちがたくさんいました。

　「就学猶予、就学免除」という形で学校に行かれなかった障害児も多く存在しました。「障害児にも学校教育を」と義務化への運動が始まりました。一方で、義務化に際しては「障害児も普通学級（通常の学級）で教育すべきだ」という人たちから反対運動も起こりました。

　制度化以降、障害のある子は「養護学校（特別支援学校）」か「特殊学級（現在の特別支援学級）」で学ぶ体制になりました。したがって、1993（平成 5）年まで、通常の学級の中に障害児は「いない」ことになっていました（実際には少なからず障害児は通常の学級にいました）。1993（平成 5）年に「通級による指導」が制度化されて、初めて通常の学級にも通級の必要があ

る（支援の必要な）障害のある子がいる、と行政的には認められたのです。

　また、この頃から知的障害ではない、学習障害（LD）や注意欠陥多動性障害（ADHD）、高機能自閉症（HFA）といった障害が目立ってきました。基本的に知的な遅れがない発達障害の児童は通常の学級に行くことになりますから、そうした問題に対応する必要が出てきました。2005（平成17）年に発達障害者支援法が制定され、2007（平成19）年より特別支援教育（従来の「特殊教育」が特別支援教育となり、対象者は、従来の「特殊教育」対象者＋LD、ADHD、HFAと規定されました）。

③インクルーシブ教育システム

　国はようやく2012（平成24）年に「共生社会の形成に向けたインクルーシブ教育システム構築のための特別支援教育の推進（報告）」（文部科学省）を出しました。

　　インクルーシブ教育システムにおいては、同じ場で共に学ぶことを追求するとともに、個別の教育的ニーズのある幼児児童生徒に対して、自立と社会参加を見据えて、その時点で教育的ニーズに最も的確に応える指導を提供できる、多様で柔軟な仕組みを整備することが重要である。小・中学校における通常の学級、通級による指導、特別支援学級、特別支援学校といった、連続性のある「多様な学びの場」を用意しておくことが必要である。

　　基本的な方向性としては、障害のある子どもと障害のない子どもが、できるだけ同じ場で共に学ぶことを目指すべきである。その場合には、それぞれの子どもが、授業内容が分かり学習活動に参加している実感・達成感を持ちながら、充実した時間を過ごしつつ、生きる力を身に付けていけるかどうか、これが最も本質的な視点であり、そのための環境整備が必要である。

（下線筆者）

　ここでは「インクルーシブ教育」ではなく「インクルーシブ教育システム」という言い方をしていることに留意する必要があります。国レベルでは「インクルーシブ教育」を明確に定義づけているものはない、ということです。ただし、これまでの流れから「インクルーシブ教育とは特別支援教育の延長線上にある」「インクルーシブの方向へなだらかに移行させていく」ということは言えるでしょう。

④インクルーシブ教育とは

　「インクルーシブ教育」とは全体のありようにかかわる問題であり、それは「共生社会の実現」であると言えるでしょう。国際的動向からみると「障害者の権利に関する条約」以降、その流れが主流であるということも言えるでしょう。

　まとめます。「インクルーシブ教育」とは「従来の特別支援教育のシステム（通級による指導、特別支援学級、特別支援学校）に加え、通常学級も含めて連続性のある「多様な学びの場」（インクルーシブ教育システム）を作り、それぞれの場で共生社会に向けて多様な考えを認めながら進めていく教育」ということになるでしょうか。

（初出　平成28年度　インクルーシブ研修だより　第2号「一般的にインクルーシブ教育とは?」　2016.4.22）

（※追記　2022（令和4）年9月に国連の障害者権利委員会より日本に勧告が出されました。）

　国連の障害者権利委員会は9日、8月に実施した日本政府への審査を踏まえ、政策の改善点について勧告を発表した。障害児を分離した特別支援教育の中止を要請したほか、精神科の強制入院を可能にしている法律の廃止を求めた。勧告に拘束力はない。さらに実現には教育現場の人手不足や病院団体の反発などのハードルの存在も指摘される。

　特別支援教育を巡っては通常教育に加われない障害児がおり、分けられた状態が長く続いていることに懸念を表明。通常学校が障害児の入学を拒めないようにする措置を要請したほか、分離教育の廃止に向けた国の行動計画策定を求めた。

　精神科医療については、強制入院は障害に基づく差別だと指摘。強制入院による自由の剥奪を認めている全ての法的規定を廃止するよう求めた。

　勧告は障害者権利条約に基づいており、日本への勧告は平成26年の条約締結後、初めて。審査は8月22〜23日、スイス・ジュネーブで日本政府と対面で行われた。審査では、他国に比べ異例の規模となる約100人の障害者や家族らが日本から現地に渡航していた。

（産経新聞WEB　9月9日）

　「障害者権利条約」に対して、こういう勧告が出されるだろうということは当初から予想されていたことのように思います。

　「障害者権利条約」を批准するにあたって、先に述べたように、国は2012（平成24）年に「共生社会の形成に向けたインクルーシブ教育システム構築のための特別支援教育の推進」の報告を出しました。この報告が出て10年になります。そこでは「インクルーシブ教育システム」として特別支援学校、特別支援学級も「多様な教育の場」の一つとして位置付けられています。

　2016（平成28）年に「障害を理由とする差別の解消に関する法律（障害者差別解消法）」が施行され、教育現場では「合理的な配慮の提供」が求められるようになりました。

　また、2017（平成29）年に告示された学習指導要領（現在の学習指導要領）は、特別支援学校の学習指導要領も含めて、同じタイミングで告示され、小学校、中学校の学習指導要領の総則に「障害のある児童生徒などへの指導」が入るなど、「インクルーシブ教育システム」構築を意図したものになっていると言えるでしょう。

　一方で文部科学省は2019（平成31）年に「交流及び共同学習ガイド」改訂を行い、「交流及び共同学習」を積極的に推進する方向を打ち出しました。健常児と障害児のかかわりは「交流及び共同学習」で進めていきます、ということです。

　そして、2022（令和4）年に文部科学省より「特別支援学級及び通級による指導の適切な運用について（通知）」が出されました。この通知は、端的に言えば「特別支援学級の児童が大半の時間を交流及び共同学習として通常の学級で学び、特別支援学級において障害の状態や特性及び心身の発達の段階等に応じた指導を十分に受けていない」事例があり、こうした実態を踏まえ、「これまで文部科学省が既に示してきた内容を、より明確化した上で、改めて周知すること

を主な目的」として出された通知です。しかし、これまで「交流及び共同学習」を積極的に進めていくと言っていたにもかかわらず、このような通知を出すというのは、明らかにこれまでの指導の内容と矛盾しているように思います。この通知を出すに至った背景には、大阪における、特別支援学級を解体して、通常の学級に特別支援学級の担任も含めて入っていくやり方に対する一定の歯止めであったと推察されます。しかし、文部科学省が意識しているかどうかわかりませんが、この通知の内容は分離教育を強化するという側面もあると言えましょう。そうした状況があっての国連の勧告ですから、そこでは「すべての障害児の普通学校への通学を保障し」「インクルーシブ教育を確保する」ことが指摘されています。この勧告に対して、文科大臣がすぐに特別支援教育の継続を表明しています。ただし、今後、この勧告の影響が全くないとは言えないでしょう。（今後、インクルーシブ教育の在り方は変化していく可能性もあります。）

2 インクルーシブ教育とは？（その2）

　杉並区立杉並第四小学校ではインクルーシブ教育を学校経営の一つの柱にしてから3年目になります。26日の公開報告会も3回目となりました。今回は、広く保護者や地域の方にもお声かけさせていただき、改めてインクルーシブ教育とは何かを参加者の皆さんと共に考えてみたいと思っています。

①排除しない教育

　「インクルーシブ」の言葉の意味は「包摂する、包み込む」ということです。「インクルーシブ」の反対語として「エクスクルーシブ」があり、こちらの意味は「排除する、除く」です、ですからきわめてシンプルに説明すると「インクルーシブ教育」＝「排除しない教育」ということが言えるでしょう。

　実はここ数か月、改めて「排除をしない」ということを考えてきました。

　東京都教育委員会の『人権教育プログラム』では、人権課題として①女性、②子供、③高齢者、④障害者、⑤同和問題、⑥アイヌの人々、⑦外国人、⑧HIV感染者・ハンセン病患者等、⑨犯罪被害者やその家族、⑩インターネットによる人権侵害、⑪北朝鮮による拉致問題、⑫災害に伴う人権問題、⑬ハラスメント、⑭性同一性障害者、⑮性的指向、⑯路上生活者が挙げられています。

　女性や高齢者、あるいはアイヌ民族や外国人に対するこれまでの日本の歴史を見ると、「排除しない、受け入れる」、しかし「村のおきては守ってもらう」的なことがたくさんあるように思います。

　排除はしないがルールは守ってもらう、すなわち「同化」してもらわないと困る、言い換えれば「同調圧力」「ムラ社会」という要素が今でも強く横たわっている、という気がします。

　このことは、「ルールを守れないなら出てってもらう」「同じようにできないのならば排除しても仕方がない」ということに簡単に転化していきます。

　教育場面に話を戻しましょう。現実問題として、「授業中おしゃべりをずっとしている子」は授業に参加すること、教室で勉強することは難しいですし、「気に入らないことがあるとすぐにまわりの子を殴ってしまう子」も同様です。ですからどうしても「排除せざるを得ない」という方向に

向かわざるを得ないですし、本校でもやむを得ずそうしたケースが実際にあります。

②どう進めていくべきなのか

　排除をしていたらインクルーシブ教育にならないのではないか、という意見もあろうかと思います。しかし「一緒でなければだめだ」という主張になってしまうと、特別支援学級や特別支援学校の子どもたち、不登校の子どもたちは、その状況にいるだけで「排除されてしまった」となってしまう、それも極端だと思うわけです（誤解のないように言っておきますが、個々のケースで「排除されてしまった」と本人が思っている、という事例もあると思います。ですから「排除されてしまった」と考えるべきではない、と言っているのではありません。特別支援学級や特別支援学校ということだけで「排除である」といったステレオタイプな見方はどうなのか、ということです）。

　私は、バランスが重要だと考えています。極端な方向に走らずに、個々のケースについて、バランスをとりながら進めていくことだと思います。

　一例を挙げましょう。

　今は教室で一緒に学習することはできない→なぜなら、ずっとおしゃべりをしてしまうから、たたいてしまうから→とりあえず別室で学習をさせよう（その子の学習保障・クラスの他の子の学習保障）→別室にしてもその子が「クラスの一員」であることはクラスでも意識させよう（排除をしない）→　一緒にやるためには何が必要なのかを考えよう→少しずつ集中して学習できる時間を作る、延ばす→本人が学習したことをクラスでもフィードバックさせよう（本人のがんばりをクラスの子たちにも認めてもらう）→本人が得意なこと・やりたいことはクラスの中でやらせてみよう。

　こんな感じでしょうか。「別室での学習にして問題は解決」したわけではないし、本人の状況を見ながら「本人の思い」と「クラスの状況」とのバランスをとっていくことが重要だと思います。これは特別支援教室に行っている子にも言えることです。特別支援教室に行っているからいいということではなく、クラスの中でどのように指導・支援していくのか、ここもバランスをとりながら進めることが大事だと思っています。

　もちろん現状での教育システムでは「別室での学習」が必ずしも保障されるわけではなく、「人手がないから一緒にやらざるを得ない」ということで混乱を招いているところもたくさんあるわけです。ですから現場では「大変だから人をくれ」という話になりやすいのですが、そこも「先生が大変だから人を付けてほしい」ということではなく、「その子の学習を保障していくために人を付けてほしい」という観点で語られないといけないのではないか、と思っています。

　「インクルーシブ教育」は「こうだ」などと断定的に言えるわけではありません。「インクルーシブ教育」は共に暮らす社会、共生社会の実現のために大切だ、という観点は多くの皆さんと共有できるのではないかと思いますが、改めて「インクルーシブ教育」について参加者の皆さんと意見交換し、考えを深めていく、そんな公開報告会にしたいと思っています。

（初出　平成30年度　インクルーシブ研修だより　第17号「改めてインクルーシブ教育とは何かを考える」2018.12.22）

3　インクルーシブをどう進めたらよい?

　先日、関東甲信越地区小学校長会の研究協議会で、特別支援教育の分散会に参加して意見交換してきましたが、その中で当たり前のように「インクルーシブ教育の推進」が語られていて、時代の変化を感じました。特に神奈川県の報告では、例のやまゆり園での事件を受けて、「ともに生きる社会」かながわ憲章を制定し、県立高等学校は「インクルーシブ教育実践推進校」として知的障害の生徒も受け入れるようになっているという話がありました。神奈川県では県をあげて、共生社会の実現に向けたインクルーシブ教育を進めている、という印象を受けました。

　さて、今回は「インクルーシブ教育はどう進めていったらいいでしょうか?」という質問を受けることが多いので、それについて私なりの(現時点での)回答をまとめてみたいと思います。

①「こうだ」と決めつけるのはインクルーシブ?

　「インクルーシブ教育」を進める前提として、「多様性を認め合う」ということがあると思います。大阪の大空小の実践※(『みんなの学校』というタイトルで映画にもなりました)を「これぞインクルーシブ教育である」などと主張する方がいらっしゃいますが、そうすると「大空小の実践(あるいは大空小と同じことをしている実践)以外はインクルーシブ教育ではない」ということになってしまいます。これは「多様性を認め合う」という前提に立っていないのではないかと。もちろん大空小の実践を全面的に否定するつもりもありませんし、「これもインクルーシブ教育である」ということならば、許容していいのではないかと考えています。大事なのは、「こうだ」と決めつけてしまう、あるいは「これしかない」という固定的観念にとらわれてしまうところにインクルーシブ教育はないだろう、と思うのですが、皆さんはどうお考えになるでしょうか。

②インクルーシブの受け止め方にも違いがある

　以前「指導者側にもタイプがある」という話をしました。「インクルーシブ教育」についても、そのタイプによって受け止め方は様々だと思います。

　「障害があっても通常の学級で学ぶべきだ」という考え方があります。「障害児を普通学級へ」という運動もあり、「障害のある子は特別支援学校や特別支援学級で学ぶべき」という考え方と大きく対立していた時期があります(今でも地域によってはまだまだ対立が大きいところもあります)。この「障害があっても通常の学級で学ぶべき」という考え方を、よく「統合教育」と総称していました。こうした考え方に立ってやってきた人からは「統合教育こそインクルーシブ教育である」という主張をされる方も少なくありません。

　一方、文部科学省は、「インクルーシブ教育システム」として、特別支援学校、特別支援学級も「多様な教育の場」の一つとして位置付けています。つまり、国(文部科学省)の考え方で言えば、特別支援学校での教育も、特別支援学級での教育も、「インクルーシブ教育」と言うことができます。

　このように、一口に「インクルーシブ教育」と言ってもそのとらえ方は一様ではない、と言えるでしょう。そして、大事なのは、その一つ一つを否定せず、多様な考えを許容しながら、どこまで共有し共通化して進めていけるのか、ということだと思います。

③みんなで考えて実行すること、そして「試行錯誤」

　一般論として「インクルーシブ教育」は「こうだ」という議論はさておき、現場ではそこにいる子どもたち、大人たちの中で共通理解がどこまで図られているのか、ということが大きいと思います。杉四小のインクルーシブ教育は「できないことをほったらかしにしない教育」と位置付け、障害だけでなく、生活面や学習面の課題も含めて「できないこと」をどうしたら「できる」ようにできるか、を追求する、というスタンスに立っています。そのスタンスから、「個別の取り出し指導」や「該当学年の学習にこだわらない学習」などを進めてきました。今やっていることがベストだとは思っていません。「できるようになるにはどうしたらよいか」とみんなで考え、実行し、「試行錯誤」しながら実践を進めていく、その歩みそのものがとても大切なんだろうと思っています。

（初出　平成 31 年度　インクルーシブ研修だより　第 4 号「インクルーシブをどうすすめたらよい?」2019.6.20）

（※追記　「大阪の大空小の実践」について

　大阪市立大空小学校は 2014 年に改称されて、初代校長が木村泰子氏です。2015 年に『みんなの学校』というドキュメンタリー映画になり、一躍注目を浴びました。「不登校も特別支援学級もない、どの子も同じ教室で一緒に学ぶ」ことをうたっています。フルインクルージョンのあるべき姿として評価する方もいますし、批判される方もいます。）

4　インクルーシブ教育を実現させるには

　公開報告会に向けて、杉四小の報告としてリーフレットを作成してきたわけですが、ある意味、当たり前にできそうなことを書いているだけだなという気がしています。

　「インクルーシブ教育を実現しましょう」というと、「インクルーシブ教育って何?」「インクルーシブ教育と普通の教育のどこが違うの?」という議論になりがちな気がしています。まあ、これまでの報告会でさんざんやってきたような気がしますが。

　また一方で、大阪の大空小（映画『みんなの学校』で取り上げられた学校）の実践を「これこそインクルーシブ教育だ」と言われる方もいますが、それも違うような気がしています。

　そもそも「多様性を認める」ことがインクルーシブ教育において大切なことなのに「大空小の実践以外はインクルーシブ教育ではない」と言ってしまうと、もうそれはすでにインクルーシブ教育を否定していることになるわけだと私は思っています。ですから、「大空小の実践はインクルーシブ教育」ということは言ってもらっていいと思いますが、大空小以外の違う形での実践もまたインクルーシブ教育足りうる可能性があるわけで、杉四小のインクルーシブ教育もその中にあるわけだと私は思っています。

①杉四小のインクルーシブ教育

　杉四小のインクルーシブ教育は、みなさんご存じの通り、①できないことをほったらかしにしない、②共に学び共に支え共に創る、③障害理解教育の 3 つです。②は杉並区教育ビジョンの理念、③の障害理解教育というのは共生社会に向けてこれまでも取り組まれてきたことであり、杉四小でも 10 年以上にわたって「ふれあい集会」を行っています。

　その中で、①の「できないことをほったらかしにしない」というのは、従来の特別支援教育の

考え方からすれば、かなり幅広いので「これは違うのではないか」と言われるかなとも思っていましたが、今のところあまり大きな反論はないようです。そもそも通常の教育の中で展開していくわけですから、「できないことをほったらかしにしない」というのは、通常の教育にとっても大事なことだと言えましょう（実はこの「できないことをほったらかしにしない」というセリフは杉並区の井出教育長のパクリです。井出教育長は、あくまで通常の教育の視点でおっしゃったと思いますが、私は通常の学級でインクルーシブ教育を進めるスローガンとして、これはいいんじゃないかと思った次第です）。

そして、前回のたよりで「授業づくりの基本理念」を紹介しました。

４年間やってきて、やはり土台に据えるべきは授業、そして授業の充実こそがインクルーシブ教育の鍵だと感じています。そのわけを説明します。

②「授業の充実」は通常の教育でも求められていることである

「インクルーシブ教育」などと大上段に構えなくても、日々の授業を充実させることは通常の教育でも求められていることですし、「授業改善」や「学びの構造改革」ということも、要は日々の授業でしっかりと子どもに力をつけることができる、子どもが育つ・伸びる授業を作っていくことだと思います。支援の必要な子どもも含めて、どうしたら、そうした授業ができるのか、ということを考えることがまさにインクルーシブである、と同時に「インクルーシブ教育」と名付けようが名付けまいが、支援の必要な子がいようがいまいが、子どもが育つ・伸びる授業をやっていくことがこれから教育現場に求められていることだ、と思います。

③子どもの実態をしっかりと見取る

子どもが育つ・伸びる授業をする前提として、まずは相手を知らなくてはいけません。それが子どもの実態を看取る、ということです。学力面だけではなく、長所や短所、気質・性格、好き嫌い、なども大切です。このことをおろそかにして、いい授業はできないと感じます。支援の必要な子どもたちは、生活指導全体会で情報共有したり、校内委員会で検討したりしているわけですが、「なかなか勉強が積みあがらない」「学習が定着しない」「集中が途切れる」といったケースも担任レベルで終わらずに学年での情報共有、学年団での情報共有、校内全体での情報共有が必要ではないかという気がしています。

④改めて「主体的・対話的で深い学び」を考える

従来の学習の中心である「知識を教授する」＝「教える者」と「教えられる者」が存在する、というモデルは、「主体的・対話的で深い学び」を求めるのであれば、もう成り立たなくなっている、と感じています。「共に学び共に支え共に創る」というのは「教える者」と「教えられる者」という形で分離するのではなく、教室にいる全員（教員も含めて）が「共に学び共に支え共に創る」形になっているということです。ですからゲストティーチャーがくれば、そのゲストティーチャーもまた「共に」ですし、幼保小の交流や小中一貫教育もまた「共に」なんだと思いますが、いかがでしょうか。

（初出　平成 31 年度　インクルーシブ研修だより　第 12 号「インクルーシブ教育を実現させるには」2019.12.24）

5　インクルーシブ教育をどう考えるか

　いよいよ学校再開になりますが、以前と同じような活動ができるようになるには、まだまだ時間がかかりそうです。さて、今回はインクルーシブ教育についての考え方がいくつかあることについてお話しします。

①インクルーシブ教育は特別支援教育とは別物とする考え方

　「インクルーシブ教育」＝「排除しない教育」ということから、障害等で排除しない、すなわち、障害があることで、特別支援学級や特別支援学校に行く（これを「別学体制」とか「分離教育」と呼ぶ人もいます）ことはインクルーシブ教育ではない、とする考え方です。

　養護学校（現在の特別支援学校）の義務化が 1979（昭和 54）年からで、それまでは障害のある子は就学猶予・免除で学校に行かれないケースもありました。養護学校義務化に際して、障害のある子の教育権保障の観点から養護学校義務化賛成の立場の人と、障害の有無で学習場所が変わるのは差別だという考え方から養護学校義務制反対の立場の人がおり、反対派の流れが、文部省（現在の文部科学省）前の障害者の座り込み運動等の「養護学校義務化反対闘争」につながるわけです。特に大阪の地域では同和教育との関連もあり、「障害があっても普通学級」という考え方が多くを占めました。このころ「統合教育」という言い方もされて、その流れで進んできた方々の多くは、インクルーシブ教育を「すべての子を通常の学級で教えること」がベースと考えています。つまり、特別支援学級や特別支援学校へ追いやるのは「インクルーシブ教育ではない」と考えているということです。

②特別支援教育の延長上にインクルーシブ教育があるとする考え方

　2006（平成 18）年に採択された国連の障害者権利条約では、その 24 条に「障害に基づき通常の『教育システム』から排除されない」と記されています。国際的な動向としては「できるだけ通常の教育システムの中で障害のある子も教育していく」という流れです。この国際条約の批准に向けて、2012（平成 24）年に文部科学省が「共生社会の形成に向けたインクルーシブ教育システム構築のための特別支援教育の推進（報告）」という文書を出しています。そこでは基本的には「障害のある子どもと障害のない子どもが、できるだけ同じ場で共に学ぶこと」を目指すべき、と書かれていて、権利条約の 24 条を踏まえた形になっています。一方で「小・中学校における通常の学級、通級による指導、特別支援学級、特別支援学校といった連続性のある『多様な学びの場』を用意しておくことが必要である」と記されており、特別支援学級や特別支援学校も「インクルーシブ教育システム」の一つとしていることがわかります。文科省は「インクルーシブ教育」の考え方そのものの提起はしていませんが、「特別支援教育を充実させていくことがインクルーシブ教育を進める上でも大切だ」というスタンスに立っているということは言えるでしょう。

③障害のある子の就学先

　障害がある子の教育は、前述した通り、養護学校義務化以前は「就学猶予・免除」が多くあり、義務化後は障害のある子は「軽度なら特別支援学級に、中重度なら特別支援学校に」という時期がありました。障害のある子が通常の学級に行くと、「特別支援学級（学校）に行くべきだ」

という働きかけがなされて、それを「適正就学」という名称で呼んでいたりしました。現在では、2013（平成25）年に学校教育法施行令が改正されて、「就学先を決定する仕組み」が大きく変わりました。具体的には、従来の「障害のある者は特別支援学校、例外的に認定就学者として小・中学校に就学することが可能」から「個々の児童生徒等について、市町村の教育委員会が、その障害の状態等を踏まえた総合的な観点から就学先を決定する」となりました。ここでは「保護者及び専門家からの意見聴取の機会の拡大」ということも書かれており、シンプルに言えば、就学先の決定にあたっては、「保護者や本人の意思が重要」ということになります。ですから、いまだに誤解されている方もいますが、「適正就学」という概念は、現在はないということです。

④インクルーシブ教育は「通常の学級の改革」である

とはいえ、障害のある子が通常の学級で学習していくことは難しいこともたくさんあります。特別支援学級が「特別の教育課程」を組めることに対して、通常の学級では、法令に定められた教育課程を組み、学習指導要領に規定された学習内容を行うことが定められているからです。ですが、「対応が難しいから特別支援学級へ」では、昔の適正就学と変わりありません。通常の学級でどこまで対応が可能なのか、できるできない、ではなく、チャレンジが必要だと思っています。東京家政大学の半澤嘉博先生は、「インクルーシブ教育で最も重要な視点は通常の学級の改革である」と指摘しています。インクルーシブ教育を進めることが、逆に「別学体制」の強化になっていくということにならないように、私たちは個々のケースについてしっかりと向き合いたいと思っています。

（初出　令和2年度　インクルーシブ研修だより　第9号「インクルーシブ教育をどう考えるか」2020.5.26）

6　SDGsとインクルーシブ教育

「持続可能な開発目標」（Sustainable Development Goals：SDGs）は、2015（平成27）年の国連サミットで採択されたものです。2030年までの15年間で達成するというものです。そのゴール4に「質の高い教育をみんなに」とあり、「全ての人々への包摂的かつ公正な質の高い教育を提供し、生涯学習の機会を促進する」とあります。英訳は「Ensure inclusive and equitable quality education and promote lifelong learning opportunities for all」です。つまり「包摂的」と訳されているところが「inclusive」ということです。

①東京都では

東京都では2016（平成28）年に「2020年に向けた実行プラン」を策定し、「セーフシティ」「ダイバーシティ」「スマートシティ」の「3つのシティ」に沿って取り組みを進めるとし、「質の高い教育」は「ダイバーシティ」の中で展開されるとあります。「ダイバーシティ」とは直訳すると「多様性」ということであり、もともとは「人種・国籍・性・年齢・障害等を問わずに人材を活用すること」という企業戦略の中から出てきた言葉です。SDGsの中では明確に「インクルーシブ」という言葉を使っているのに、あえて「インクルーシブ教育」には言及していないような印象を受けます。

②持続可能な社会づくりに向けた授業づくり

　東京都教育委員会が2020（令和2）年3月に出した『持続可能な社会づくりに向けた教育推進のために』の中では、「持続可能な社会づくりに向けた授業づくり」について、以下のようにまとめています。

　（1）主体的・対話的で深い学びの実現に向けた授業づくり
　（2）教科横断的な視点による組織的な取組
　（3）外部人材・地域資源等の活用

　これはこれで大事なことですが、「インクルーシブ教育」そのものの指摘はありません。まあ逆に、「これこそインクルーシブ教育だ」と言えるものもないので、そこは現場で考えなくてはいけないと思いますが。ここで押さえておきたいのは「インクルーシブ教育」は国際的にも、SDGsに示されている重要な目標である、ということです。

（初出　令和2年度　インクルーシブ研修だより　第14号「SDGsとインクルーシブ教育」2020.6.16）

7　インクルーシブ教育とは何？

　研修だよりをいつも読んでいる、ある方から次のような感想をもらいました。

　「インクルーシブ」を進めていくスタンスはとても理解できますが、では何を「インクルーシブ」と見なすのか。もはや、個々の教育観の部分にかかわるというか、周りに周知していくためにはどうしたらよいのかなと思いました。

　なるほど、このあたりが本当にあいまいになっていますね。「理想論としてはわかるが現実としては難しい」という声もよく聞きます。「インクルーシブ教育」というところを今回は少し考えたいと思います。

①フル・インクルージョンという言葉

　フル・インクルージョンというのは「すべてをインクルージョン（包摂）する」ということで、主に障害がある子も全面的に通常の教育に入れる、ということをイメージして使われることが多いです。

　東大の大学院教育学研究科は大阪の大空小学校と協定を結び、フル・インクルージョンを研究しています。そこでは、インクルーシブ教育は「障害のあるなしにかかわらず、すべての子どもたちが同じ教室で共に学び、共に生活することを目指す教育」と説明されています。大空小学校は映画「みんなの学校」で取り上げられ、数年前に杉並区内でもよく上映されていたので、ご存じの方もいらっしゃるかもしれません。

　大空小学校の初代校長の木村泰子さんはこう述べています。

　「学校が『障害があるから別の学校・教室へ』という考えを持ったら、それは差別や偏見を教えているのと一緒ではありませんか？」「違う部屋で『この子に手厚く特別支援教育をしてあ

　つまり、フル・インクルージョンという言葉には「特別支援学校や特別支援学級は差別だ」という考えが底流にあります。もっとも、フル・インクルージョンを目指す人の中にも、「過渡的に特別支援学校や特別支援学級は必要だ」と考えている方もおり、それぞれの温度差はあります。

②インクルーシブ教育システム

　文部科学省は、「インクルーシブ教育」そのものに言及していません。特別支援学校・特別支援学級を含めた多様な教育の場があることを「インクルーシブ教育システム」という言い方をして、特別支援学校や特別支援学級の教育もインクルーシブ教育の一環としてとらえています。これは先ほどのフル・インクルージョンの考え方からすれば、「違う」ということになりますね。

　一方で、このインクルーシブ教育システムの考え方は「特別支援教育を進めていけばそれがインクルーシブ教育につながる」ということなので、「インクルーシブ教育と特別支援教育は別物である」と考える研究者たちからは批判の対象になっています。たしかに、文部科学省の文脈からすると、どうしても「障害のある子の教育」という面に引きずられてしまう傾向は否めないからです。「インクルーシブ教育はもっと幅広い概念だ」という主張もわかる気がします。

③障害に限定すべきではない

　少なくとも、インクルーシブ教育の対象者としては「障害に限定すべきではない」ということは言えるかと思います、様々な課題のある児童生徒にていねいな支援をしていく、と考えれば、対象はそうした「様々な課題のある児童生徒」ということになるわけです。桃一小が「学力に課題のある人も、生活面に課題のある人もすべてインクルーシブ教育の対象」というのは、そういう理由からです。

④「共に学び共に支え共に創る教育」

　杉並区の教育ビジョン2012に記されている「共に学び共に支え共に創る杉並の教育」というフレーズは、インクルーシブ教育をも包含している言葉だと私は思っています。桃一小のインクルーシブ教育も「共に学び共に支え共に創る」がベースであり、指針だと思っています。これまで私が進めてきたインクルーシブ教育も、①「できないことをほったらかしにしない」、②「共に学び共に支え共に創る教育」、③「障害理解教育」という形で説明してきました。「障害理解教育」は、おそらくインクルーシブ教育というのは一朝一夕に出来上がるものではないので、できるところから進めていく、という思いの中で入れてきました。

　子どもたちはひとりひとり違います。この事実をしっかりと受け止めながら、目の前の子どもたちにどういう教育が、どういう支援が適切なのかを試行錯誤しながら考え、進めていくことによってしか、インクルーシブ教育の実現はないだろうと思っています。柔軟に、しなやかに、「共に学び」ながら、インクルーシブ教育を「共に創」っていけたらと思っています。一緒に考えていきましょう。

（初出　令和2年度　インクルーシブ研修だより　第32号　「インクルーシブ教育とは何?」2020.9.14）

8　インクルーシブ公園

　最近の新聞に「インクルーシブ公園（インクルーシブ・パーク）」の記事が載っていました。「インクルーシブ公園」というのは、「すべての子どもが共に遊べるように整備された公園」のことで、「障害のある子とない子が共に遊べる公園」というような説明をされることもあります。日本では2020（令和2）年3月に世田谷区の砧公園の一角に登場したのが最初です。その後、豊島区にもつくられています。

○「誰も」が遊べる公園に

　「誰もが」といったときに、どこまでのことをイメージしているでしょうか。障害のある子のことも考えていくことが「インクルーシブ公園」の第一歩なのでしょうね。

　20年前に「10年研修」（今の中堅教員研修ですね）を受講していて、その最後に目黒の教育研究所（今の人は知らないでしょうね。東京都教職員研修センターの前身です）の大講堂に小学校、中学校、高等学校の10年研受講者が集められてシンポジウムを聞く機会がありました。「教育の在り方」みたいな内容で、上智大学の那須先生がシンポジストの一人だったと思います。「どなたか質問はありますか?」という時間になって、「はーい」と手をあげました。「大変、勉強になる話をありがとうございました。ところで私は心障学級（今の特別支援学級のことです）の担任をしているのですが、今日のお話は私が担任している子の話じゃないな、と思いました」と言って、シンポジストが一様にうろたえて（?）「いや、障害のある子のことを決して考えていないわけではない」とか言っていたのを思い出します。（まあ、普通は何も言わずに静かにしてるもんなんでしょうね）。心障学級の担任もいることが想定されていなかったのかもしれないですね。

　「インクルーシブ公園」というワードが独り歩きして、「いいもの」と思われていますが、「誰も」がと言ったときに、「じゃあベッドに寝たきりの重症心身障害児も遊べるの?」と思ってしまいます。逆に言うと「誰も」の中に重症心身障害児のことは考えられていない、とも言えるわけで、決して「インクルーシブ公園」を否定しているわけではありませんが、やはりそこには「限定的な」ものもあるということを見ておく必要はあるんだろうな、と思っています（「インクルーシブ」という言葉が入っているので、ちょっと取り上げてみました）。

（初出　令和3年度　インクルーシブ研修だより　第3号　「インクルーシブ公園」2021.4.12）

9　本当のインクルーシブとは

　夏休みに汐見稔幸さんの『教えから学びへ』（河出新書、2021）を読みました。帯に「保育・幼児教育から大学までいま最も教員・親から信頼されている教育学者が語る教育の本質」と書いてあって、まあ売るためには宣伝も重要、と思いながら、なんだか気恥ずかしい文句だなと思いました。内容に関心のある方は、ぜひ買って読んでください。税込み979円で1000円でおつりがきます（笑）。

その中に「本当のインクルーシブとは」と題して汐見さんがインクルーシブ教育について記しているところがあったので、そこを紹介したいと思います。

　　SDGsでは、「誰一人取り残さない」という理念も掲げられています。そのために欠かせないのは、ダイバーシティとインクルージョンという概念です。

　　ダイバーシティとは、「多様であることを認める」だけでなく「多様であることこそが豊かである」という考えです。私たち人間は本来とても多様な生き物で、地球上には多様な生物が共生しています。逆に言えば、均一であることは豊かとはいえません。

　　インクルージョンは日本語では「包摂」と訳されます。SDGsの四番目も「あらゆる人に包摂的かつ公正な質の高い教育を」と訳されていますが、これでは意味がわかりづらいかもしれません。私はインクルーシブ、インクルージョンという言葉のままで使うことが多いのですが、それは、多様性を尊重し合い、共に成長することを意味します。

　　特性の違いが一人ひとりにあることを前提としたうえで、障害があってもなくても、あるいは人種や性別、年齢によっても、差別されることがなく、公平であり平等であると考えることです。そこには、大人が子どもたちを一人の人間として尊重することも含まれます。

　　文部科学省では、インクルーシブ教育を「障害を持っている子とそうでない子が同じ教室で同じ教育を受けること」という意味で使っていますが、ただ同じ教室で同じ教育を受けるだけではインテグレーティッド・エデュケーション、統合教育だと言えます。インクルーシブ、インクルージョンは、もっと相互関係的な言葉です。

　　障害を持っている子とそうでない子が一緒に生活することで、お互いをより深く知り合い、尊重し合い、支え合える。支え合うことによって、お互いの存在意義が見えてくる。人間観が深まり、相互に学び合いながら成長できる。そういうことが起こることがインクルーシブ教育だと私は思います。そして、これが二一世紀の社会構成の原理になっていく、いや、原理にしていかねばと考えています。(78頁)

①言ってることはもっともとも思いますが…

　　「障害を持っている子とそうでない子が一緒に生活することで、お互いをより深く知り合い、尊重し合い、支え合える。支え合うことによって、お互いの存在意義が見えてくる。」「人間観が深まり、相互に学び合いながら成長できる。」そういうことが起こることがインクルーシブ教育だと私は思います。

　このように汐見さんは書いていますが、「障害のある子とない子が一緒に生活する」だけでは「お互いをより深く知り合い、尊重し合い、支え合える」とは残念ながら、なりません。「いま最も教員・親から信頼されている教育学者」さんに、そう説明されても、具体像は見えてきません。私は「インクルーシブ教育は極めて理念的」と言ってきましたが、この10年、教育学の分野では、「理念的」な部分から脱することができていないような気が個人的にはしています（もちろん幼児教育の分

野では一緒に生活する中でインクルーシブ的な実践ができていることもありますから、汐見さんがその部分をとらえて書いたとすれば、そこは否定することでもありません）。

②まずは、目の前の子どもたちから

　私たちは、もっとシンプルにインクルーシブ教育をとらえたいと思います。「できないことをほったらかしにしない」こと。目の前の子どもが学力に課題があるなら学力を支援していく、生活面に課題があるなら生活面を支援していく、障害があることで課題を抱えているならば、その課題を達成できる支援を進めていく、ということです。

　それは実は先生方がやっていることもあるでしょう。「放課後に個別に教える」「テストにルビを振ってやる」「問題文を読んでやる」ことも立派な支援です。

　「障害がある子をどう支援したらいいのかわからない」「発達障害と言われ、合理的配慮をしてほしいと言われたが、よくわからない」という話が出ると、「私は専門家ではないのでお手上げです」と言う先生方がいます。そのスタンスこそが、インクルーシブ教育を妨げている原因なのかなと思います。障害があろうがなかろうが、先生が目の前にいる子の「課題をどう捉え、どう支援していくのか」ということが、すでにインクルーシブ教育である、と私は思っていますが、汐見先生に言ったら反論されますかねえ（笑）。

（初出　令和3年度　インクルーシブ研修だより　第31号　「本当のインクルーシブとは」2021.9.15）

10　インクルーシブ・カリキュラム

　インクルーシブ教育は極めてシンプルに言えば「排除しない教育」だ、と述べてきました。そして、排除しないということは、様々な能力の違いのある子どもたちを相手に「どういう学習をしていけばよいのか」ということを考えなければいけません。その学習の中身を考えるということが「インクルーシブ・カリキュラム」ということです。

①インクルーシブなカリキュラムとは

　インクルーシブ教育のカリキュラムの特徴は、国連のサラマンカ声明[※]で確認されました。その内容としてたとえば「カリキュラムの柔軟さ」という項目では、カリキュラムを子どものニーズに合わせること、そして、通常のものと異なったカリキュラムによってではなく、通常のカリキュラムの中で必要な支援を受けるべきであること、教育内容は高い水準に合わせなおかつ子どものニーズに合っていること等が挙げられています。（中略）インクルーシブ教育では、通常教育のカリキュラムをどの子どもにとっても参加可能で学び甲斐のあるカリキュラムに変えてゆくことが求められます。学び甲斐のある授業とは、たんに教材の水準を下げたり、学習内容を薄めることではありません。子どもたちの実態に合わせた高い水準の学習内容を系統的に構成する必要があります。（『よくわかるインクルーシブ教育』（ミネルヴァ書房、2019年）134頁）

　なかなか難しい「問い」です。しかし、このことが解決されなければ、インクルーシブ教育も実際の教育活動になりません。「インクルーシブ教育は、現在ではまだまだ多分に理念的なもの

である」という指摘は、こうした問題があります。

②4年生までの学習内容を理解させる

東京都が「東京ベーシックドリル」を作成したときに、「どの子にも4年生までの内容を理解させる」という目標を掲げていました。それは、小学校6年間で6年生までの学習内容が身に付かない子供が「いる」ということと、ではそうした子供をどこまでを目標として学習させていくのか、という議論の中で出てきたことではないのだろうか、と感じています。

算数の内容でいうと、4年生までで、四則計算、小数、分数の計算は入ってくるので、このあたりのところまで理解できれば、とりあえず生活には困らない、という考えもあったようです。昔の寺子屋が「読み書きそろばん」を学習内容としていましたが、私が考える基礎学力というのは、まさにこの「読み書きそろばん」なのです。インクルーシブカリキュラムの土台として、「読み書きそろばん」を少し丁寧にみていきたいと思います。

③読むこと

前号の「読解力」とつながりますが、「読む」だけではなく「読み取る」ことが求められます。まずは教科書を読んで、その内容が「読み取れて」いるかどうか、が問われます。特別支援教育の分野で言えば、まずは「文字には読み方がある」（たとえば「た」と書いて、これを「TA」と発音する、ということ）、「ひらがなが読める」、「表現手段として文字がある」（たとえば自分の名前を「たかはしこうへい」と文字で表すことができる、など）「単語をまとまりで読める」（たとえば「りんご」を「り・ん・ご」と逐語読みにしないで、一つのフレーズとして単語レベルで「りんご」と読めるようになっているか、等）と、さらに細かく丁寧にみていく必要があります。もちろん、ひらがなだけでなく、カタカナが読める、ローマ字が読める、漢字が読める、ということも「読むこと」になりますね。

④書くこと

「文字を書ける」ということは、感動的なことだと思っています。私にはとても印象深いことがありました。私が教えていたダウン症の女の子は、学校に入ってきた当初は「、、、」と点だけ書いて、それを文字に見立てて何かしら読んでいました。ひらがなを学習して、ひらがなを書けるようになりました。6月の授業参観に父親が見に来て、我が子がひらがなを書いているのを目の当たりにして、絞り出すようにつぶやいたのです。「教育って、、すごい」

この子に限らず、「字が書ける」ということはその子にとっての喜び、周りの人にとっての喜びなんだと思います。クラブで自作の物語をたくさん書いていた子どももいましたね。こうした「書くことの喜び」「書くことのすごさ」ということを指導者はもっていたいと思います。少なくとも「書けるなんて、当たり前でしょ」というスタンスでない方がいいなと個人的には思っています。特別支援教育の分野で言うと、「なぞり書き」「点結び」「お手本を見て書く」なども「書くこと」に入ってきます。手の機能や、目と手の協応動作がどうか、といったことも「書くこと」の学習の際に気を付けたい点です。さらにつけ加えておくと、「黒板の字をみてノートに写す」という作業は、結構大変だということ。短期記憶の弱い子どもは、書くことに相当時間がかかります。

⑤そろばん（？）

　基本的には、四則計算（たし算・ひき算・かけ算・わり算）が「わかる」ことだと思っています。「できる」ではなく「わかる」ということが大切だと思います。たし算なら「どんどん増えていくイメージ」、ひき算なら「どんどん減るイメージ」等、イメージでもつかめることを大事にしたいです。

　今年度のインクルーシブだよりはこれで終了です。最後までお付き合いいただいた先生方、どうもありがとうございました。「このおたよりを読んで、ちょっとは賢くなったかな」と感想をくれた方がいましたが、80号と言えば160ページ、ちょっとした本を読むくらいのボリュームがあります。読者の方に改めて感謝です。来年度は、桃一小・四宮小・井荻中の3校で「3校合同インクルーシブプロジェクト」を始めます。また改めて「インクルーシブだより」を発行予定ですので、お楽しみに。

（初出　令和2年度　インクルーシブ研修だより　第80号「インクルーシブ・カリキュラム」2021.3.23）
（※追記　引用文の「国連のサラマンカ声明」というのは、正確にはユネスコとスペイン政府によって開催された「特別ニーズ教育世界会議」で採択されたものです。文献：渡邉健治「インクルーシブ教育はインテグレーションを超えられるか?」（『特別支援教育実践研究』創刊号、2021）

11　改めてインクルーシブ教育

　前号を読んだ方から、こんな感想をいただきました。

　昔はクラスのなかの多数派（マジョリティ）を中心に授業でも経営でも行っていました。対してインクルーシブな社会とは、少数派（マイノリティ）を大切にしていくことです。

　ここで誤ってはならないのは、マイノリティを大切にするのであって、マイノリティを中心にするのではありません。これを間違えるとクラスは崩壊します。

　とはいえ、このバランスは難しく、人によって重きも違うので、正答はありません。いただいたご意見※のような保護者もいるし、逆の保護者もいますので、学校は難しいところです。「手のかかる子ばかり見てないで、うちの子も見て」ということでしょうか。

　たしかに、バランスが重要だと私も考えます。大事なことは、「**マイノリティを大切にするのであって、マイノリティを中心にするのではありません**」ということですね。

　さて、7月5日の読売新聞にインクルーシブ教育の記事が載っていました。

①「インクルーシブ教育」の説明

　読売新聞には、インクルーシブ教育の説明について次のように書かれています。

　「障害の有無や性別、国籍、民族などにかかわらず、全ての子供が地域社会から排除されずに共に学ぶことが出来る教育を指す。日本が2014年に批准した国連の障害者権利条約にもうたわれている」

　読売の記事では、奈良の県立高校で、知的障害のある生徒が学ぶ「自立支援農業科」ができ、そこに在籍する14人と「生物科学探究科」の20人は同じ1年3組の生徒になっている、という

紹介でした。「知的障害の子と健常の子が共に学ぶ」という点で「インクルーシブ教育」と紹介されている訳です。

②インクルーシブ教育のイメージは

この記事もそうであったように、「インクルーシブ教育」というと、どうしても「障害のある子もない子も一緒」というイメージが強い印象をもちます。

もっと広い概念で押さえていきたいと思い、3校では「インクルーシブ教育」を①できないことをほったらかしにしない教育、②共に学び共に支え共に創る教育、③障害理解教育、と押さえています。つまり障害に限らず、学力に課題のある子も、生活に課題のある子も、その「できない部分」をほったらかしにしない、という点において「インクルーシブ教育」なのだ、という考え方です。ただ、これも「支援が必要」「支援が必要ない」というところで「支援が必要ない」子に「手がかけられてない」といった課題は出てくるように思います。それが、前号の保護者の感想にもつながるかなと思いますし、まさに、**「手のかかる子ばかり見てないで、うちの子も見て」**なんでしょうね。

③物理的な問題と気持ちの問題と

先日、研究会で大学の先生と話していたら、教職大学院でインクルーシブ教育について講義をすると、現職の先生たちから「そうはいっても人手もない中で、そんな対応はできない」とか「そんな過大な要求をされても無理だ」という意見が必ず出てくるという話が出ました。現場にいる者としては、そういう現場の意見は、物理的な問題として、理解や共感をするところですが、

「そんな対応はできない」⇒だから排除だ

「無理だ」⇒だから排除だ

となっていく傾向があるような気がします。これは別に非難している訳ではなく、教員も人間ですから「この子がいるとめんどくさいな」とか「この子がいるとめんどうだな」とか「この子がいないとラクだろうな」とか思わないか？ということなのです（正直、そう思ったりしますよね）。また無理をして全体がひっくり返ってしまうと困る、という発想もあるようです。

でも物理的な問題はさておき、「無理だ」と思考停止するのではなく、「何だったらできるのか」「どうしたらできるのか」を、できる範囲で、できることを追求していく、という「気持ちの問題」は大きいように思うのです。私たちも「そんなの理想論だ」と片付けてしまわないで、「できる支援は何か」ということを追求することを目指したいです。物理的な問題はもちろんありますが、「気持ちの問題」ということは一番大きいのではないかと最近感じています。

もちろん、だからこそ、教員一人一人がそうした気持ちをもてるように、気持ちに余裕をもっていないといけないんだろうな、と思います。余裕がないとそうした気持ちもなかなかもてませんから、インクルーシブ教育を考えたときに「余裕をつくる」「余裕をもたせる」ということは大事な要素になりうるな、と思っています。

（初出　令和4年度　インクルーシブ研修だより　第26号「改めてインクルーシブ教育」2022.7.6）

（※追記「いただいたご意見」とは「周囲の大多数の子どもたちのケアこそ、大切に考えて欲しい」という趣旨の意見であり、それを受けて、書かれた感想です。）

第3節　教 師

> この節では、指導者の側、「教師」に焦点をあてて書かれたものをまとめてみました。システムの変更といったおおげさなことではなく、教師がちょっと対応を変えるだけでもインクルーシブは進むのではないか、という観点で書いています。

1　「わかりましたか」「いいですか」をやめませんか

　一見、インクルーシブ教育とは関係ないように思われる方もいるかもしれませんが、インクルーシブ教育とは「支援の必要な子に必要な支援をする」といった個別対応的なことのみで行っている訳ではありません。基本は学級経営だと私は思っています。

　先日参加したある研究会で講師の方がこのように言っていました。

①「いいですか」をなくすと授業力がアップする

　これは算数の授業づくりの話の中で出てきたのですが、よく算数の授業で「答えは何ですか?」「○です」「いいですか?」「いいです」という場面がありますね。そのことについて講師の先生は、次のような話をされました。

> 　先生が「いいですか?」といったときに、子どもは、「あ、これは先生が正解だっていっている」と思うわけです。「よくないですか?」などと聞かないですから。つまり、先生のお墨付きになっているから、子どもたちは「いいです」と自信を持って言う。しかし、そこに子どもの思考があるかというと、そこにはない、答えがあってるのか、間違っているのか、子どもにゆだねることが重要です。「え!」「ほんとうに?」「ぜったいに?」と先生が問うと、自信のある子は「だって○○○だから」と説明してきます。だから考えをメモさせることは大事です。子どもがそうやって主体性を持ちながら授業に参加できるようになると、先生の授業力も上がってきます。
>
> (研数学館「算数・数学連続セミナー」H28.4.17　細水保宏　明星大学客員教授)

　聞いていて、おっしゃる通りだなと。

　また、杉並区の学校経営アドバイザーの森山徹先生は、杉並区の特別支援コーディネーター研修の中で『隠れメッセージ』を見つけ一つずつ消すチャレンジを」というお話をされています。「隠れメッセージ」とは「教師が意図しない意識しないうちに児童に伝わってしまうメッセージ。教室・授業・対人関係等のルールやマナー、価値観など多岐にわたる」と説明されています。その一つの例にこんなものが載っていました。

「インクルーシブ研修だより」No.3（2016.5.7）

「わかった人?」と聞くことによる隠れメッセージ

→「わかった人?」「は〜い」は儀式であって学習の定着を確認する設問ではない。

　　子どもたちは次第に手を挙げるのもバカらしく感じるようになる。

　いかがでしょうか。「わかりましたか?」「いいですか?」って確かについ使ってしまいがちかな、と思います。しかし、「わかった人?」「は〜い」という場面を見ていると、先生の自己満足、とも思うのです。

　これからの時代に求められる資質・能力とは、「知識・技能」「思考力・判断力・表現力」だけではなく、「主体性・多様性・協働性・学びに向かう力・人間性」も求められています。だからこそ「アクティブ・ラーニング」や「ペア学習」が強調される訳ですが、その第一歩として「わかりましたか」「いいですか」をやめることから始めてみるといいのではないか、と思っています。

（初出　平成28年度　インクルーシブ研修だより　第3号「『わかりましたか』『いいですか』をやめませんか」2016.5.7）

2　センスを磨くにはどうしたらよいか（その1）

①センスのない教員

　前回のたよりを読んだ方から、「集中させる工夫：児童の反応をみながら柔軟に進める。教員のセンスとも言える」…たしかにその通りですが、**センスのない教員はどうしたらよいのでしょうか?** というご意見をいただきました。よく私たちも「センスがある」「センスがない」という言い方を

しますし、センスはそもそも教えられて育つものなのか、というとそうとも言えず、だからこそ、教員としてセンスがない（教員に向いていない）人は、早く辞めた方がよいのでは、という話も出てきたりします。現状では確かにそんなこともあります。そのことは認めたうえで、今回は「センスを磨く」ためにはどうしたらよいのかを考えてみたいと思います。

②最初の一歩

　あくまでも、私自身の経験からということで、個人的見解だと思って読んでいただきたいのですが、そもそも「センスのない教員」は、自分はセンスがない、とは思っていません。だから、たいがいは子どものせいにしますね。支援の必要な子がいれば、「こんな子がいるんだから仕方がない」と、ていよく言い訳に使われてしまったりします。ですから、まずは**「自分にはセンスがないのかもしれない」**と疑ってかかる姿勢が必要だと思います。「自分はまだまだ発展途上、未熟な人間だ」という構えがあれば、何とかしよう、努力しよう、という気持ちが生まれます。それがセンスを磨く最初の第一歩になると思うのですがどうでしょうか。

③子どもを見る・場数を踏む

　授業を見ていると、「（指導者が）全員の動きを見えていないなあ」と思うことがあります。ついつい発言者のみに注目してしまったり、机間指導に熱心になるあまり、まわりの子どもたち、教室内の他の子どもたちが今どんな活動をしているか見落としていたりします。「センスのある教員」は、子どもをよく見ていて、それに応じた的確な言葉がけをします。

　たとえば分度器を使って60度を測って線を引いて、本人が「よし！」と思った瞬間に「いいね」とか「分度器うまく使えたね」と声をかけるとその子にとっての満足感、成就感は高まるでしょう。「そこがほめ時！」というタイミングが大事です。後になって「あのときはよかったね」と言うのも、言わないよりはいいと思いますが、タイミングよくいったときのインパクトには及ばないでしょう。タイミングよく声かけをしたいものです。

　そうはいってもなかなかできないと思われる方もいるでしょう。その部分を向上させるのはどうしたらよいか。それは場数だと思っています。どんなにセンスのいい教員でも、最初からパーフェクトだった訳ではありません。人間ですから、「あーあそこ見落としたな」「○○ちゃんのがんばりをもっとほめてあげればよかったな」とか「ここでタイミングを逸したな」など反省をすることも多いと思います。その反省を踏まえて、「次はがんばろう」「次はもっと意識しよう」「次はこういうことを工夫しよう」などと考えていけば、場数を踏めば踏むほどセンスは磨かれると思います。

④教わる・学ぶ姿勢

　担任をしていたころはよく指導案を職員室で配って、「時間があったら見に来てください」というのをやっていました（よくといっても年に2回くらいでしょうか）。それでもせいぜい見に来る人が1人いればいい方で、0ということの方が多かったですね。見に来てくれた先生には必ずお礼を言いに行き、「今日の授業はどうでしたか？」と聞いていました。いいアドバイスをもらったこともあったし、反面それは的外れだなと思ったことも正直ありましたが、コメントをいただけることにまずは感謝でした。「教わる・学ぶ」というのはめんどくさい、負担が大きい、と感じている人が少

なからずいると思いますが、いろいろな人の意見を聞いて考えていくことが、授業に対してのセンスを磨くことになるのだと感じています。研究会のレポーターも率先してやりました。最初のころはたたかれることの方が多かったですが、これも場数とともに向上できたのではないかと思います。教員たるもの「授業で勝負」だし、いい授業をしたいと思うし、そのためには常に研鑽を積まないといけないと感じています。「実践者たる者、謙虚であれ」と思います。

　そして小学校の教員は、担任をしていれば年間で最低でも 850 時間授業をやっていることを改めて自覚してください。よく「私は授業に自信がないので、とてもレポーターなどやれません」という先生がいるのですが、年間 850 時間以上も授業をやっていてそれはないんじゃない？といつも思ってしまいます。

　「いい授業をしよう。子どもたちに力がつく授業をしよう」と思い、そうした授業ができることを願い、教材研究をし、考えて授業を進める、そうしたことができるならセンスは磨けるし、向上すると思っています。

（初出　平成 30 年度　インクルーシブ研修だより　第6号「センスを磨く」2018.6.11）

3　センスを磨くにはどうしたらよいか（その2）

①出会いからセンスを磨く

　前回のたよりを読まれたある先生から、こんな話を伺いました。「自分も最初からセンスがあったわけではない。新採のときや若手のころ、お手本にしたいと思う先生がいて、いろいろ教えてもらいながら、自分なりにセンスを身に付けてきたんだと思う。」

　たしかに、その通りだと思いました。私自身も新採の時に一緒に組んだ先輩教員がいて、ありがたいことに7年間同じ学校でご一緒したのですが、その後、自分が異動になって、今度は一人で様々な決断をくださないといけなくなったときに「先輩だったらどう考えたかな」といつも考えながら決断をしていた気がします。

　そういう点では身近にお手本になる、尊敬できる先輩教員がいるかいないかは「センスを磨く」うえで大きなファクターなのかもしれません。では身近にそういう人がいなかったらどうすればよいのか。出会いを求めていく、ということなのではないかと思います。同じ学校にいなければ、研究会や研修などでそういう人を探すということが大事だろうと思います。今は杉教研をはじめ、自分が望めば教科等教育推進委員会や授業づくり研修会、都の教師道場や研究員など、そうした機会があります。自分の生活や現在の仕事量とにらめっこしながら、なかなかそういうところに踏み込めない人もたくさんいると思いますが、一つでも二つでも、出会いに前向きであってほしいな、といつも思います。

②人間としての経験

　違う先生からは、「（センスを磨くには）確かに経験でしょうが、その経験は教員としての経験ではなく、人間としての経験です。それまでいかに人と人とのかかわりをもってきたかがセンスとなっていくものと思います。教師に求められる豊かな人間性しかりです」というご意見をいただき

ました。前段の「出会いに前向き」ということは、教員として、というよりも、人としてという側面が強い気がします。私たちはよく「豊かな人間性」と言ったりしていますが、そもそも「豊かな人間性」とは何か、ということもどこかでじっくり考えなくてはいけないのかもしれません。前回から「センスを磨く」ということを考えていますが、「人と人のかかわりを大事にして、いろいろな人に教わり、学んでいく姿勢をもつ」ということが「豊かな人間性」ということの一つである、ということは言えるかもしれません。

③「好き・嫌い」という二分法で相手をみない

　子どもたちもそうですが、「この人は嫌い」「この人は好き」という二分法で人とのかかわりをとらえてしまうところが少なからずあるように思います。

　「いつも自分のことをほめてくれる」→この人は好き

　「口うるさく言われていやになった」→この人は嫌い

　「自分の言うことをいつも支持してくれる」→この人は好き

　「いちいち細かいところまで干渉してくる」→この人は嫌い

　人間ですから、「好き・嫌い」が出てしまうのは仕方がありません。しかし、前掲の「出会い」という観点からすれば、

　「この人は嫌い」→「だから付き合わない・かかわらない」

となってしまうのは、あまりにもったいない気がします。

　「口うるさく言われていやになることが多いんだけれども、その中には的確な指摘もあるし、自分自身も反省すべき点があるし、…」

　「いちいち細かいところまで干渉してくるからいやなんだけれども、時々はそうしてくれたことで事前にミスを発見できてありがたかったこともあるし、…」

という具合に少しずつ見方を変えていけないでしょうか。そうすれば、その人との関係性もいい方向へ変わっていけると思います。

　逆に、自分はあまりに口うるさく言ってないだろうか、いちいち細かいところまで（相手がいやがるくらいまで）言ってないだろうか、という反省も大事だと思います。このあたりは「相手はどう思っているか」という「相手の気持ちを読む」ということですね。発達障害のある子たちは、こうした「相手の気持ちを読む」ということが苦手な子が多いですが、私たち自身もまた、そういうことに陥らないように、ふりかえりをする必要がありそうです。よくお話ししていることですが、「どう指導したか、ではなく子どもたちがどう受け取っているか」が大事なのです。「相手の気持ちを読める」こともセンスの一つですね。

　「主体的・対話的で深い学び」が新し学習指導要領の目玉の一つになっています。この拙いたよりも「対話的」でありたいと思っています。「そうじゃないだろう」というご意見も含めて、感想などもいろいろといただけたらと思っています。

（初出　平成30年度　インクルーシブ研修だより　第7号「センスを磨く・その2」2018.6.14）

4　先生が2次障害を作っていないか

　今回は発達障害の子どもたちが学校において先生の対応のせいで2次障害を生むことがある、ということについて考えたいと思います。

①感覚過敏の状態の子

（a）自閉スペクトラム症の特性の一つとして「相手の目をみて話さない」「視線が合いずらい」といったことがありますが、見るのが気まずいといったことではなく、むしろ人の顔を見ることで目・鼻・口の形、表情、ほくろなど個別の情報がいっぺんに入ってきて情報がまとまらなくなるということがあるそうです。そうした視覚情報に加え、音として入ってくる聴覚情報が同時に大量に入ってくることに疲れ果てて、話の内容をあまり理解しないままとんちんかんな答えを返してしまう、ということがあります。「何、聞いているんだ」「きちんと話をきかないとだめじゃないか」と先生に言われて、精神的に参ってしまうというケースです。

（b）臭覚や聴覚の過敏で、学校の水道水は臭いと言って飲めない、椅子をガタっとするような音やクラスメイトの騒ぐ音、卒業式の呼びかけなどは耳をドリルでやられているような感じがするというケースがあります。「どうしてこれくらいのことが我慢できないんだ」などと言われるとつらいですよね。

（c）触覚過敏で、触れるところの過敏ゆえに着られる服が限定されてしまい、結婚式などのフォーマルな服装は素材が合わず着られない、というケース。その人は無理して着ていてもとても苦痛だと言います。半袖、短パンしか着られないという子も見てきました。こういう子に対して、「なんだそれくらい、我慢しろ」ということはかなり本人にはきびしいでしょうね。

（d）学校の教室の音がパチンコ店くらいの騒音に聞こえる。なので、先生がちょっとした注意をしたつもりでも、本人は大きな声で、すごく怒られた、というイメージをもってしまう、というケース。自閉スペクトラムの人に対して行ったある実験によると65デシベル（スーパーマーケットくらいの音量、先生の声の標準的な大きさ）の音に対する反応が90デシベル（パチンコ店の騒音）くらいに聞こえている、という結果が出たそうです。

　このような感覚過敏のある子たちは、そのことが原因で不登校になることもまた多いそうです。

②不注意、忘れっぽいADHDの子

（a）授業中に黒板を一生懸命見ようとしても、他に気持ちが行ってしまい、隣の掲示物を見て、あれこれと違う方向に関心が行ってしまう。「よく見なさい」「話を聞きなさい」と注意されても、また同じようになってしまう。

（b）いったん何かに集中し始めると他のことに気持ちが向かなくなる。なので結果として忘れ物が多い。メモを書く、カバンの上に物をおいておくなどの工夫をしてもあまり効果がない、というケース。「忘れ物をしないでください」と先生に言われても、本人はどうしたらいいかわからない。焦りだけが大きくなる。

（c）片付けが苦手。同時並行で行動ができないので、たとえば「料理をしながら洗濯をする」

と鍋をかけたことを忘れてしまう、といったことがある。刺激が多くて何から片付けたらいいのかわからない。ぐちゃぐちゃした状態はよくない、本人もきれいにしたいと思っているのにできない、というケースです。「さぼらないでちゃんとやりなさい」と言われるとつらいですよね。

③音読が苦手な学習障害の子

　ディスレクシア（読み書き障害）の子は、文字の形は正しく見えていますが、意味や音が頭の中にすぐに浮かんでこない、ということがあります。ですから、教科書の音読などはとても困難です。それなのに先生から「早く読みなさい」「なんでそんなに時間がかかるのか」「みんなはとっくに読んでいるぞ」と言われると精神的に追い詰められてしまいますよね。

　以上、見てきたように、発達障害ゆえの特性ということを配慮しない、あるいはわからないまま、指導をすると、子どもの心を傷つけるような発言を先生がしていると指摘せざるを得ない、というケースがけっこうあります。これはまさに「先生が2次障害を生み出す」ということではないか、と私は思うのですが、皆さんはどのように思われますか。もしかしたら、自分も知らず知らず子どもの心を傷つけていたかもしれない…という思いで自分自身の指導の振り返りや、自分自身の発言の検証などをすることが、これからの教師には求められるのではないかと思います。当たり前のことですが「子どもたちは一人一人違う」、この事実から私たちは出発しなくてはいけないと感じています。

（＊今回の事例については、NHKスペシャル取材班著『発達障害を生きる』集英社、2018の本にある事例を紹介しました。この本は2017年に放映されたNHKスペシャル「発達障害　解明される未知の世界」（2017年5月21日放映）をもとに書かれたものです。）

（初出　平成30年度　インクルーシブ研修だより　第22号「先生が2次障害を作り出す」2019.3.5）

5　相手の気持ちを読み取る

　今年度最後のインクルーシブ研修だよりになりました。ここまでいろいろと感想やらご意見やらいただきました。ありがとうございます。さて今回は最終回。「相手の気持ちを読み取る」ということについて考えたいと思います。

①「空気が読めない」とは

　よく「空気が読めない」といいますが、これは「その状況を理解できていない」ということがまずあります。そして、その状況が理解できないのは、周囲の人間がどのように自分を思っているのか、どのように自分をみているのか、ということがわからない（というよりも「わかろうとしない」あるいは「そもそもそういうところに思いが及ばない」）ということがあります。

　こんな事例がありました。

　A君と先生の会話です。

　先生「マクドナルドって知ってる？」

　A君「知ってる知ってる」

先生「じゃあ、先生がお客で君が店員さんだとしよう。ハンバーガーとポテトを頼んだのに、お
　　　盆の上にはハンバーガーしかない。「ポテトがないじゃないか」と言われたら、店員の君
　　　はどうする?」

　さて、A君はなんと言ったでしょう。彼はしばらく考えた後、「今、揚げてます」と答えたのです。
「え?なんで?」と聞くと「理由を答えないといけないから」と言いました。

先生「でも、その前になんか言うことがあるんじゃないかな…?」

　A君はしばらく考えたのちにあ!という顔をして「すみません…」。

先生「そうだよねえ、まずは謝らないとねぇ」

　この事例で思うのは、本人はいたって大真面目だということです。真面目だからこそ、なんとか
きちんと答えようとします。しかし、お客が「ポテトがないじゃないか」と言っている裏側に「ポ
テトがないことに対する怒りの気持ち」があるということに気が付いていません。「空気が読めない」
とは、まさにこういう状況だと思います。

　子どもたち同士のかかわりを見ていても、こんなケースがあります。本人は怒って言っているつ
もりがなく、「何やってんだよ」と声をかけましたが、そう言われた相手の方はその「何やってんだ
よ」の中に自分を怒っている、腹を立てている、というように受け取り、それに対して「なんだよ」
と返します。言われた方は自分が怒っているつもりはないわけですから「なんだよ」に対して、腹
を立てる…。これも相手の気持ちは、相手はどう思っているのか、ということに思いがいかない
ということが「空気を読めてない」ということにあるのではないかと思います。

②第三者的視点で見ると

　いわゆる「空気の読めない人」というのは、会話(コミュニケーション)をしていて、相手が怒
っているということに気が付かないと、そのまま「そうですね」と返してしまい、さらに相手の火
に油を注ぐ結果になりがちです。しかし、相手は怒っている、ということに最後まで気が付かない
と「どうして相手は怒っているのかなあ」などと考えて、「なんでそんなに怒ってるんですか?」
と聞いてしまったりします。

　「君に怒ってるんだ!」と言ってしまいたくなりますよね。しかし、そこで声高に怒ったとしても、
残念ながら相手にそこは伝わりません。「いま、揚げてます」の状況ですね。

　実は、けっこう、当事者を離れて第三者的な視点で見ていると「ああ、なるほど、こういうやり
とりになってるんだ」ということが見えてきたりします。逆に当事者としてストレートに「いいかい、
君に怒ってるんだ。君のそういう態度が問題なの」と話したところで、それで終わり、というな
んとも中途半端な終わりになってしまったりします。「第三者的視点」を持つこと、これはけっこう
おすすめだと思うのですがどうでしょうか。

③改めて「いろいろな人」がいることを確認しよう

　「空気が読めない人」もいるし「空気を読みすぎる人」もいるし「空気をほどよく読んで行動で
きる人」もいます。まあ様々なわけです。当たり前といえば当たり前ですが、私たちは改めて「い
ろいろな人」がいるんだな、ということを確認することが大事だと思います。インクルーシブ教育は、

ある意味「多様性を認める」ということでもあります。まあしかし、「多様性を認める」ということはけっこう難しいことではあるのですが、そしてほどよくバランスをとり、センスを鍛えて力量を上げていきさえすればインクルーシブ教育は進む…？まだまだ難しいですよね。

　今年度の教育活動が終わります。主事さん方先生方の今年1年間のがんばりに心から感謝します。杉四小のインクルーシブ教育はまだまだ拙いものですが、それでも考え続けること、言い続けること、行動し続けることが大事だと思っています。1年間、ありがとうございました。

（初出　平成30年度　インクルーシブ研修だより　第23号「相手の気持ちを読み取る」2019.3.20）

6　「風」に無自覚な教師が使う「毒語」

　前回、「否定ではなく肯定で」という話をしましたが、最近読んだある雑誌にこんなことが載っていました。（川上康則「インクルーシブ教育時代の子ども理解シーズン2」月刊『実践障害児教育』2019年9月号）

①子どもたちを知らず知らずのうちに苦しめている

　「自分自身が吹かせる「風」に無自覚な教師は、言葉の重みに気づけない。発する言葉の端々に「毒づいた言葉（ここでは「毒語」と呼ぶ）」を使いながら、子どもたちを知らず知らずに苦しめていることがある。」（川上康則）

　そして、川上さんはその「毒語」の例を紹介しています。

＜教室に不穏な風を吹かせる毒語＞
（1）質問形式の問い詰め
　　　●何回言われたらわかるの？　●どうしてそういうことするの？
　　　●ねぇ、何やってるの？　●誰に向かってそんな口のきき方をするんだ？
（2）裏を読ませる言い方
　　　●やる気がないんだったら、もうやらなくていいから（→本当は「やりなさい」）
　　　●勝手にすれば（→本当は「勝手なことは許さない」）
　　　●あなたの好きにすれば（→本当は「言うことを聞きなさい」）
（3）脅かして動かそうとする
　　　●早くやらないと、〇〇させないよ　●じゃあ、〇〇できなくなるけどいいね
（4）虎の威を借る言い方
　　　●お母さんに言おうか　●お父さん呼ぶよ　●校長先生に叱ってもらうから
（5）下学年の子と比較する
　　　●そんなこと1年生でもやりません
　　　●そんな子は1年生からやり直してください
（6）見捨てる
　　　●じゃあ、もういいです　●さよなら、バイバーイ

私たちも往々にしてこんな言葉を使ってしまったりはしていないでしょうか。

たしかに、指導者側の「なんとかよくなってほしい、成長してほしい」という願いが、こうした表現になってしまうこともありますが、1回踏みとどまって、「他に違う言い方はないか」と考える余裕が欲しいものです。「指導の前に深呼吸」ですね。

※「風」というのは、川上さんが強度行動障害への対応の中で、本質は「どうするか」という「かかわり方」ではなく、教師や支援者の「在り方」であるとし、この「在り方」が言語化や数値化しにくいので「風」という表現を使っています。例として「大声で強い指導を受けると「鋭い風」が吹く」という形で書かれています。

②叱ることが日常化していないか

指導者が「こうあってほしい」「ここまでやらせたい」と強く思うと、そこまで頑張らせたい、と、その部分が基準線（到達点）になります。ですからその基準線に達しないと「注意する」「叱る」ということに直結しがちです。しかしクラスで「叱ることが日常化」して、子どもたちがそれに慣れてしまうというのは、よく学級崩壊状態のクラスにある光景です。また叱ることが常態化すると「私さえ怒られなければいい」「Aくんが叱られている間は叱られなくてすむ」という雰囲気も生まれます。運動会などの行事の前には、特に意識しておきたいですね。運動会が終わった後に学級崩壊を起こしたケースも少なからずあります。お互いに気を付けたいものです。

③「叱る」ことをプラスにするためには

とはいえ、「叱る」ことも必要になってくるでしょう。といっても、もちろん一切叱らずに学級経営をされている先生もいます。それはそれで見事だなあと思います。でもだいたいは「叱る」場面があることが多いのではないでしょうか。子どもの不適切な行動を正したい、などの場面で「叱る」ことは場合によっては必要だと思います。ただしそのときに、最低でも「叱ることが日常化しないように」ということは気を付けないといけないと考えます。

効果的に「叱る」ということを考えても、やたらと叱るのは得策ではない、と言えるでしょう。余談ですがよく「叱ると怒るの違いは何か」と言われることがあります。「怒る」ということはそこに感情があり、感情的行動です。「叱るのはいいが怒ってはいけない」ということもよく言われます。頭にきて子どもたちを感情のまま、怒ってしまう、そういうのは指導者側の自己満足にすぎません。「しっかりと子どもたちに伝わるようにするには」と考えたときに「叱る」方法ややり方、タイミングといったものも大切であろうと思います。

（初出　平成31年度　インクルーシブ研修だより　第6号「『風』に無自覚な教師が使う『毒語』」2019.9.3）
（再掲　令和2年度　インクルーシブ研修だより　第16号　2020.6.22）

7　言葉の重み

前号で、「『風』に無自覚な教師が使う『毒語』」というタイトルで、発する言葉の端々に「毒づいた言葉（ここでは「毒語」と呼ぶ）」を使いながら、子どもたちを知らず知らずに苦しめていることがある。」（川上康則）という指摘をしました。改めて言葉って大事だなと感じています。

今回は教師が「何の気なしに発する言葉」について考えます。

①ハッとして気付いたことがあります

　異動のときに保護者が書いてくれた寄せ書きの中に、こんな一文がありました。

　「息子のことで相談したときに、先生が『○○くんは自信のあることについてはあれだけできるんだから…』と言ってくださったことがあります。その一言にハッとして気付いたことがあります。そのときは息子の苦手な部分をもう少し伸ばすことが出来たら…と息子のことを考えてやっていたつもりでしたが、一番大切なことは日々を大切に過ごしながら、自信をつけていってあげることだと。」

　実は私自身はその面談でそんなことをいったことを覚えてませんでした。それこそ何の気なしに話した中身の一つなんだと思います。でもその一言でハッとする、記憶に残る、ということがあるんだなと思います。保護者に対応するときは日頃から丁寧な対応が大事ですが、「ついうっかり言ってしまう」ということがないようにしたいものです。

　支援の必要な子どもの保護者との面談で「学校ではこういうことに困っているんですよね」と開口一番マイナスから入っていくことが意外にあります。そしてそれは保護者に不安や不信感、あるいは学校に対する期待をなくすことになります。「何の気なしに」の発言が重みをもつこともある、そう考えると日頃からプラスの観点で話をしていくことを意識しておいたほうがいいと私は思っています（その「意識する」ということはなかばトレーニングだなと思います。それを繰り返していると、「何の気なしに」発した言葉でも「うっかり」はなくなるのではないかと考えています）。

②「バカって言うなよ」

　30年以上前の話です。担任していたダウン症の児童が、あるときになにかうっかりとしたミス（何をしていたのかは忘れてしまったんですが）をしたんですよね。そのとき（まだ私も「うっかり期」の若手教員でした）に普段遣いの言葉で、「なんだあ、ばかだなあ」と言ってしまったんですよね。そのあとのことは今でも鮮明に覚えているのですが、その彼が私をキッと見て、「バカって言うなよ」と言ったんです。思わず「あ、あ、すみませんでした」と謝りましたが、まさに彼の指摘の通りです。

　何の気なしに「バカだなあ」とか「バカみたいなことをやってるんじゃないよ」とか言っていませんか。話し言葉は残りませんが、こうして文字化してみるとかなりキツい言葉だと思います。

　話し言葉は、いったん出てしまうと取り戻すことができません。「先生はこうおっしゃいましたよね」と保護者に責められる場面も多く見てきました。だからこそ、丁寧な言葉遣い、意識した言葉遣いが大切なのです。

③綸言汗の如し

　「綸言汗の如し」という中国の『漢書』という歴史書からきている言葉があります。「綸言」とは君主の言葉という意味で、「綸言汗の如し」というのは、一度出た汗は再び体内に戻らないのと同じように、君主の言葉は、一度発すると訂正したり取り消したりすることができない、という意味です。

　言葉がコミュニケーションツールで、これを使って私たちは自分の意思や考えを伝えている、と考えると、正確に発していく必要があります。特に管理職ならなおさらです。この言葉を2年前に

ある小冊子を読んでいるときに見つけ、その後自身の戒めとしても忘れないでいようと思っていることです（自分が「できているのか」と問われると、まだまだ未熟だなと思うことも多々ありますね）。

　教員と児童との間の関係においても、発する言葉の重みを感じて、考えて言葉を紡ぐということが大事だなと思います。さらに、言葉のトーン、音の高低、声の大きさ、などによって、言葉の中身以上にいろいろなシグナルが児童に伝わっているということも意識すべきでしょう。客観的に聞いていると、「言葉がスーッと頭に入ってこないな」とか「威圧感があるなあ」とか「ドスがきいているな」などと感じることがあります。もちろん「丁寧な言葉だなあ」「温かみが伝わってくるなあ」「指示がピシッと頭に入ってくるなあ」と感じることもあるのですが。言葉、意識していきましょう。

（初出　令和2年度　インクルーシブ研修だより　第17号「何の気なしに発する言葉の重み」2020.6.25）

8　教員は生き残れるか

　15号の「子どもの表情から読み取る」を読まれた方から、感想をいただきました。

　　AIはなぜ賢いのかという記事がありました。AIは最初から賢いのではなく、学習するから賢くなります。囲碁や将棋でも最初は人間に勝てなかったAIが、様々な戦況を学習することで学んでいきます。人間が学ぶスピードとは比較にならないくらいのビッグデータを学ぶことで、データのなかから共通点を見付け、分類し、戦術を見付け、賢くなるのです。

　　子どもの表情から読み取ることは、これからもしかしたらAIにビッグデータを学ばせればできるようになると思います。本当に考えているのか、考えたふりをしているのかの判別も可能でしょう。

　　教師にとって大切なのは子どもが考えていることに対し、次の一手を瞬時に見極めることです。

　　Aと考えているならBをしよう、悩んでいるようならCと働きかけようと…。

　　「表情を見る」→「何をしたいかを想像する」→「手だてを考える」

　　この一連の行為が指導であり、支援であるはずです。

　　こうしたことはある程度経験を積めば、ある程度できるようになります。

　　しかし、上手な人とそうでない人がいるのも現実です。

　　何が違うのか？　私は想像力の有無、大小だと思います。

　　一つのことから複数のことを想像できる力って教育には大切です。

　たしかに、これからAIに置き換わっていくところは大きいかもしれません。

①約半分の仕事がAIに奪われる

　2015（平成27）年に『雇用の未来─コンピュータ化によって仕事は失われるのか』という論文

をオックスフォード大学のマイケル・A・オズボーン准教授が発表して、すでに5年。この未来予測によると自動化されていく職業として次のようなものが挙げられています。

　レストランの案内、レジ、ホテルの受付、電話オペレーター、電話販売員、訪問販売員、集金担当者、クレーム処理担当、データの入力作業、銀行の融資担当、保険の審査担当、クレジットカードの調査担当、簿記、会計、監査、など。

　702の職業のうち、47％がなくなると予測されています。一方、その中で幼稚園の教諭や小学校の先生は「人とかかわる仕事」としてこれからも残る、とされています。

② AI が教員にとってかわる可能性はないのか

　前述の論文の結果を見て、「先生は大丈夫だ」と思っている方は多いのかもしれませんが、果たしてどうなのでしょう。

　「教育の現場では、無料でオンライン講義を受けられる『MOOCs』が急成長しています。そして学生がディスカッションでどんなやりとりをするか、課題を勤勉にこなしているか、講義をきちんと視聴しているか、そして最終的にどれくらいの成績をおさめているか、などについて膨大なデータが集まり始めています。こうした情報を利用すれば、人間に代わってコンピューターの講師が、個々の学生に応じた講習や評価ができるようになるし、卒業後の就職適性も導き出すことができるようになります。その技術を人材採用に適用すれば、各企業の人事部の作業は今よりずっと効率化できたりもするのです。（オズボーン氏）」

※『MOOCs』：インターネットを通じて無料で世界各国の有名大学の授業を受けることができる、新たな教育環境のこと
（Massive Open Online Courses）

　現在、コロナの影響で、また臨時休校になるかもしれません。区では、それに備えて、オンラインホームルームができるように考えています。将来的にはオンライン授業も視野に入れています。オンラインが主流になると、すべてとは言わないにせよ、AI が教員にとってかわる可能性はかなりあると思っています。

③ 生き残るためには

　そうしたことを考えると「教員は生き残れるのか」…はなはだ心もとないと思われます。では、生き残るためにはどうしたらよいのか、冒頭の感想の中の指摘、**「教師にとって大切なのは子どもが考えていることに対し、次の一手を瞬時に見極めることです」**がカギとなると私は思います。この「瞬時に判断する」が、まだ AI には難しいです。ここはまだコンピューターよりも人間が勝っていると思います。

　でも、「瞬時に（その状況で一番ベストな対応を選択して）判断する」ということは、やはりたゆまぬ努力が必要でしょう。

　「野球でバッターがインコース打ちを練習して、練習して、意識しなくても、身体が自然にボールについていって打てるようになるレベル」に近いような気がします。「場数を踏んで意識して蓄積する」というところでしょうか。

（初出　令和2年度　インクルーシブ研修だより　第18号「教員は生き残れるか」2020.6.29）

9　先生の話を聞くこと

　学校で子どもたちが「先生の話を聞くこと」は当たり前にやらなければならないこと、そう大人の側は考えています。だから大人の側は「先生の話を聞きなさい」と言って聞かせようとするし、聞いていない子を注意し、話を聞かせようとします。

　しかし最近の子どもたちを見ていると、どうも「先生の話は聞くものじゃなく、自分が必要だと思ったときに聞く」ものになっているんじゃないかと思うときがあります。

　「自分が必要だと思ったとき」に聞く、つまり、主体は自分にあって、「先生の話」は中心ではないんです。だから先生の話を聞かなくても全然罪悪感がない。「聞きなさい」って怒られても、それは表面上静かにするだけで、実は聞いていないことも多いのではないかと思います。そして実際に自分が聞きたくなったときは「先生、これどうするんですか?」と聞いてくる。先生にとっては、「それはさっき言ったでしょう。聞いていなかったんですか」というところですが、子どもの側からすると「わからないから聞いただけなのになんで怒られなければならないのか」と思っているのではないかと考えたりします。そう思うと、ここにはかなりのずれがありますよね。

　昔は子どもの側にも「聞かなければいけない」「聞かなければ怒られる」という感覚がかなりあったようにも思うのですが、最近はそのへんがほとんどないんじゃないか、と感じます（個人差はもちろんあるとは思いますが）。

　私は、今こんなふうに思っています。学校教育の中で子どもが「先生の話を聞くこと」は確かに前提ではあるが、今は指導者側が「聞かせる努力」をしないと話を聞いてくれない、と。先生たちに怒られそうですが、まずは、そうした努力をしてみようよ、と言いたいのです。

　もっと言ってしまうと、先生たちは「子どもたちは先生の話を聞くものだ」というのが前提になっていないか、と思うのです。そして「聞かない子どもが悪い」となっている、つまり子どもの側に問題があると考えてがちではないかと。

　だから「あの子たちは話を聞けないねえ」などと話題になると、「そうか、話をきけないのはあの子たちが悪いんだ。私のせいじゃないんだ」って思うことも案外あるんじゃないかと。

　よく全校朝会などで、「全員が静かにするまで先生が前に立ってだまっている」というのがありますが、おしゃべりがやまず、うまくいかないことも多いのではないかと思います。

　「おしゃべりをしないで静かにしましょう」と言ったあと、「まだしゃべっている人がいます」「まだしゃべっている人がいます」「まだしゃべっている人がいます」「まだしゃべっている人がいます」と連呼してようやく静まる、というのが結構現実ではないでしょうか、そして先生がしゃべり始めるとしばらくしておしゃべりが始まる、また「おしゃべりをやめてください」となる、へたをすると授業の半分くらい注意をしているんじゃないか、と感じるほどです。

　これも、子どもは「自分が必要だと思ったとき」に聞くものだと考えると、まあ今「別に聞きたくもないし」と思っているんだろうなって思います。

　子どもたちは、ある意味非常に素直です。やっていることがわからない、わからないからつまらない、つまらないからおしゃべりをはじめる、立ち歩く、ということを素直に行動に移したりし

ます。もちろん真面目に話を聞いている子もいるのですが、この真面目な子の比率が少なくなってくると学級運営がかなり厳しくなるのではないでしょうか。

　ですから、子どもにとって「面白そう」「聞いてみよう」「聞いてみたいな」と思うように、指導者が「聞かせる努力」をする必要があるのだと思います。

　そう言うと「そこまで子どもにこびる必要があるのか」「子どもの態度を改めさせることが先ではないか」といった意見を言う方がいます。その意見にも一定の正当性は認めつつ、「話を聞かせることが必要なことなら、その努力をするのは当たり前でしょう」と考えたいです。指導者の「聞かせる努力」、言い換えるとパフォーマンス力、ということにもなるでしょうか。

　今、実際に目の前にいる子どもたちがどんな状況にあり、どんな弱さをもち、何を配慮していかないといけないのか、といったことは、それぞれ子どもによって違う訳ですから、「聞かせる努力」ということも、子どもの実態によって考えないといけないということなのだと思いますが。

（初出　平成28年度　インクルーシブ研修だより　第5号「先生の話を聞くこと」2016.7.21）
（再掲　令和2年度　インクルーシブ研修だより　第5号　2020.4.10）

10　先生と子どもの関係

　「日本教育新聞」に市川宏伸さん（日本発達障害ネットワーク理事長・元都立梅ヶ丘病院長）がこんなことを書いていました。

> 　発達障害は見た目ではわかりにくく、いわゆるグレーゾーンの子どもたちが多くいる。相手の気持ちをくみ取れず、コミュニケーションが苦手な子どもたちには、学校生活で教員のフォローが欠かせない。しかし私が勤務するクリニックを訪れる発達障害の子どものうち、半数は不登校だ。教員が発達障害の特性を理解していないが故に、トラブルが起きている事例が多い。学校で注意の仕方を工夫してくれたらうまくいくのに、と思うケースもある。頭ごなしに注意するのではなく、「こうやってくれると先生はうれしいな」と具体的な行動を示すことが有効な手立ての一つだ。（日本教育新聞、2020年10月5日）

　これを読んで思い出したことがあります。

　4年前、ある学会のシンポジウムで、少年時代にアスペルガーと診断された青年の話を聞く機会がありました。そのときの話です。

> 　小学校1、2年生の頃は、先生は何を言っているかわからないし、つまらない、だから楽しいことを探しにいこう、とよく教室を出ていました。高学年になって席から離れるのがよくないことがわかってきて、好きな地図帳を見て、すごすことで席から離れずにいられるようになりました。偏食もひどくて、給食も食べられませんでした。3、4年生のときの先生はいろいろ配慮してくれて、当時、ポン酢が好きだったので、「ポン酢を持ってきていいよ」といってくれて、MYポン酢を学校に持っていきました。それをかけて給食が食べられるようになりました。

（このときは、まわりの子どもたちから〇〇くんだけずるい、という声があがったので、お母さんがクラスの他の子にもポン酢を用意したそうです。他の子どもたちは一回食べて「まずい。こんなものを〇〇君は食べているのか」となり、その後ずるいという話は聞かれなくなったそうです。）

　授業中に絵を描いても怒ったりせず、「うまいな（上手な絵だな）」と言ってくれました。

　（当時の担任のコメントに朝の会が終わると「じゃあ行ってきます」と図書室へ行ってしまう日があった。見に行くと、真剣に本を読んでいる彼の姿に戻ってこいと言えずに、給食の時間に満足そうに戻ってきた彼に「おつかれさん」と声をかけた、という補足がありました。）

　5、6年生のときの先生は厳しくてMYポン酢も禁止になり、また給食が食べられなくなりました。みんながぼくをバカにするようなことを言いました。小中学校では勉強した記憶がありません。中学校は特別支援学級に行きました。一日に何時間か交流で（通常学級に）行くことがあったのですが、そこでもいろいろ言われて交流もできなくなり、いい思い出がありません。でも特学（特別支援学級）では落ち着いてすごすことができました。パソコンなどもやりました。高校は特別支援学校に行きました。このころ障害について説明を受けて、「なぜ障害児として生まれてきたのか」とか悩みました。高校1年のときの教師はスパルタ教師ですぐに怒って「こんなこともできないのか」「そんなことじゃ就職もできないぞ」とか言われてすごく嫌でした。高校を卒業して牛乳の品質管理班で働いて4年目になります。

　ぼくは人とのコミュニケーションが苦手で、話していると緊張してうまくしゃべれないときがあります。

　ぼくは「臨機応変に対応して」とか「要領よく」ということがわかりません。そう言われてもよくわからないので、聞くと「自分で考えろ」と言われます。自分で考えてやってみると今度は「勝手にやるな」と言われます。どうしたらいいのかわかりません。

　彼の話を聞いていて、改めて「先生と子どもとの関係」を思いました。私達も子どもに伝わるように、意識して言葉を発しているでしょうか？最後に書かれているようなこと（「先生、どうすればいいですか？」と聞かれて「自分で考えてやってください」と言っておきながら「なんで勝手にやってるの、わからなければ聞いてください」と言ってしまうことなど）は日常的にもありそうな感じがします。

　スパルタ教師の話も胸を痛めながら聞いていました。そのシンポジウムの中でも「大きな声で威圧したり、怒ること」の問題が指摘されていました。子どもたちにとっては大きなトラウマになることもあります。「すごく嫌だった」と言われないようにするためにも、まずは一呼吸おいて冷静に対応する、きちんと子どもにわかる言葉で伝える、伝わらないときはこちらに何か問題があるのではないかと考えてみる、といったことが大事なんだろうと思います（「体罰0　指導の前に深呼吸」ですね）。

　アスペルガーの人は、社会性やコミュニケーションに弱さがあり、そこで苦労したり悩んだりし

ていることが多いですが、そうした障害がなくても、「先生と子どもの関係」がうまくコミュニケートできていないケースはたくさんあるのではないでしょうか。こういう事例を特別視するのではなく、自分の学校では、自分のクラスではどうか、似たようなことはないか、言葉はうまく伝わっているか、ということを振り返る材料としたいものです。

（初出　平成28年度　インクルーシブ研修だより　第10号「先生と子どもの関係」2016.7.21）

（再掲　令和2年度　インクルーシブ研修だより　第38号「先生と子どもの関係」（2020.10.8）

11　子どもの話を聞けない教師

　前号のたよりを読んだ方から、「話を聞かない、聞けない子どもを考えるときに、その話をする教師はどうであるかを考えることも必要です」というご指摘をいただきました。

　そして、前号のタイトル「人の話が聞けない子ども」を「子どもの話を聞けない教師」として考えてみました、とコメントをいただいたので、ここで紹介します。

　A．しゃべってばかりで話が聞けない

　　教師がずっと授業でしゃべっているタイプです。自分が得意な授業の時に陥りやすい。その教師の話がまだ魅力的であり、引き付けるものであればよいのですが、そうでなかったら子どもにとっては地獄ですね。

（自分はそう陥っていないか、振り返りが重要ですね）

　B．1だけ聞いて聞いた気になってしまう

　　子どもの発言をちょっと聞いて、「そうだね」と遮ってしまうタイプ。もしかしたら、子どもは違うことを言おうとしていたかもしれないが、教師の勢いに押され反撃できず。

（教師の“圧”で子どもの発言を遮っていないか、これも振り返りたいところです）

　C．一見、話を聞いているように見えるが、実は聞いていない

　　子どもの発言をうなずきながら、聞いているが、それを勝手に自分でまとめて、結局は自分の都合のよいところにもっていってしまうタイプ。指導案にとらわれるとこういうことが起きる。

（強引に自分の方へ流れをもっていっていないか、ここも振り返りですね）

　D．何を言っているのかわからない

　　これは問題外。会話がかみ合わない。クラスは荒れる。

　　こういったタイプは教員の全世代に分布されている。若いから、ベテランだからではなく、その人の特性。でも、そこは教師として、是正してもらいたい。

（ベテランでも、残念ながらそういう対応をする人はいますね）

　いかがでしょうか。実は「学びの構造転換」とは、「子ども−教師」を「教えられる−教える」関係に落とし込むのではなく、学びの共同探究者として共にあるべき、と言われています。そうした観点で見たときに、「子どもの話をしっかりと聞く」という姿勢は大変重要だと考えます。

①指導案を重要視して、子どもを見ていない

　さきほどの指摘の中にも「**指導案にとらわれるとこういうことが起きる**」という部分がありましたが、皆さんはどうお感じになったでしょうか。指導案は「授業の設計図」などとも言われ、授業を進める際に大切なものではありますが、「指導案通りやろう、流そう」という思いが強すぎて、子どもが置き去りになっている、という授業も残念ながらあります。まずは子どもをよく見ること、そして、子どもに合わせて指導案を柔軟に見ていくことが大事ではないかと思います（場合によっては指導案とかなり離れていったとしても、その授業で子どもがわかっていくのならば、それも「あり」だと考えます）。

②子どもが話しかけてきたときの対応は…

　子どもが「先生」と話しかけてきたときに、「え、何？今忙しいんだけど」とか「今これやっているから後にして」とか「この状況でなんで聞くわけ？」などという対応をしていないでしょうか。自分が子どもで、先生にそんな対応をされたら、「いや、もう先生には二度と話しかけまい」と思うだろうなあ、と思います。子どもから話を聞いた保護者も、そんな気持ちになるはずです。実際、そういうクレームもありますからね。

　そういう観点で言うと、子どもが話しかけてきたときほど、「**その対応は丁寧に**」ということではないでしょうか。「どうした？」「なにかあった？」「なあに？先生に聞かせてくれる？」という感じでしょうか。また、話の後、「言ってくれてありがとうね」「よく教えてくれたね」「話してもらえてよかったよ」などと子どもに返しているでしょうか。子どもが、「先生に話してよかった」「また、先生に話したい」と思ってくれるかどうかは、とても重要です。

　自分が子どもにどんな対応をしているか、意外と本人は意識できていないものです。だから、同僚に「なんか、子どもにひどい対応をしていたら、教えて」と言ったり、「この対応はうまくないよ」と話ができたり、ということができるといいんだろうなと感じています。マイナスを指摘されるのはいやな部分かもしれませんが、広い視野で見たときに、そういった「耳の痛い指摘」を受け止めていけるかどうかが、教員として大成できるかどうかの分岐点である、といったら言い過ぎでしょうか。

（初出　令和3年度　インクルーシブ研修だより　第38号「子どもの話を聞けない教師」2021.10.6）

12　先生は強要していないか

　前号の「みんななかよくしなさい」。意外（？）に反響がありました。

・「仲良く」は難しいですね。この人とは仕事上でギリギリつながってられるけど、深くはかかわりたくないなという人はいますし。

・私に向けて書いてくださったかなあ…なんて思いながら読みました。

・私は自分と合わないなと感じた人への積極的なアプローチはあまりとらないタイプですが、攻撃をするわけではないので、それも「多様な関係」と言えると自分では思っています。

　改めて、コミュニケーションは難しいものだなと思います。先日、研修会で出た質問もこんなも

のでした。「一緒に組んでいる先生が、子どもを怒鳴るんです。どうしたらいいでしょうか？」私の答えは「怒鳴るのはだいたいうまくいかないことが多いです」。そう話すと「そういうときに、『先生、こっちはやっておくからあっちをよろしく』などと引き取ることが多いのですが、それでいいんですかね？」と話されるので、「それで正解だと思います」と答えました。「怒鳴ること」のデメリットは、このたよりでも散々言ってきた気がするのですが、それでも「怒鳴る先生」はいなくなりませんね。「先生、大丈夫、こっちはやっておくから」と言えるくらいの関係は作っておきたいなといつも思います。

　そういえば、前回の「俺だってわからないよ」先生。3年生の運動会練習の指導をしていたのですが、大人の私が聞いていてもよくわからない。さすがに我慢の限界がきて、「先生その説明だとよくわからないんだけど」と言ったら、「俺もよくわかんないから高橋さん指導してくれ」って言われたなあ。「運動会練習」って、ある意味指導力が試されますよね。あ、そんなこと言うとプレッシャーになっちゃうか。

　さて、池上彰さんが「小学生の頃、作文や読書感想文を書くのが苦手だった」と書いています。その理由を「当時の先生が『これくらいは当然書けるものだ』という前提で、指導も何もせずにただ書くことを**強要してきたから**」と説明しています。今回は、「先生は強要していないか」について考えたいと思います。

①できることを前提にしていると強要しがちになる

　教員には、おのおの「小学校○年生だったらここまでできるだろう」という基準のようなものがあるような気がします。そして、それがいつの間にか「できるということが前提」になってしまい、「なんでできないんだ」となり、「やりなさい」と強要になる、そんな感じはないでしょうか。

　池上さんは、こう書いています。

> 　「この本を読んで感想を書きなさい」だと、子どもはどこから手をつけていいかわかりませんが、先生からのちょっとしたアドバイスがあると違ってきます。「この本でいちばん楽しかったところはどこ？いちばん悲しく思ったところはどこなの？」「この著者は何を言いたかったんだろう？」などの問いかけを手がかりに、感想文は書いていけるはずです。「何でもいいから書きなさい」と宿題として丸投げされるパターンは、最悪です。
> 　先生それぞれの力量という問題もありますが、「わからない子の気持ちがわからない」という問題もあるのではないかと思っています。
> 　池上彰『社会に出るあなたに伝えたい　なぜ、読解力が必要なのか？』（講談社α新書、2020年、113頁）

②「わからないこともある」を前提としてみたら

　逆に「わからないこともある」を前提とすると強要することもなくなるのかなと思います。指導者の伝え方、指示の仕方によって、理解の度合いが違ってくることもあります。

　たとえば運動会でダンスの練習をするときに、感覚として「全体を通して全部見せる」方がわかる子と「部分、部分を一つずつ追って積み上げていく」方がわかる子がいます。わかり方は一様

ではないのです。「同時処理と継次処理」という言葉を聞いたことがあるでしょうか。同時処理とは複数の情報を全体的に処理し、空間的に統合する力であり、継次処理とは系列的、順序的に情報を処理する力です。「全体を見せた方がよい子」は同時処理の方が得意で、「一つずつ積み上げる方がよい子」は継次処理が得意、ということも言えると思います。どちらがよい、ということではなく、理解の差はあり、不得意な指示をされたら「わからないこと」もある、と考えた方が良いでしょう。「強要」ではなく丁寧な説明で指導を進めていきましょう。同時に日頃の指導が「強要になっていないか」も振り返ってみるといいですね。

（初出　令和3年度　インクルーシブ研修だより　第33号「先生は強要していないか」2021.9.21）

13　「説明がくどい」先生

　前号を読んだある方から、こんな感想をいただきました。

> 　つまらない子でも全員が教室から出ていくわけではなく、「つまらないけど自制心から我慢している」子もいます。つまらない原因は授業以外何物でもありません。
> 　だから教師は授業力を付けなくてはなりません。ただ面白可笑しい授業でなく、知的な面白さを体験させる主体的な授業が求められます。
> 　つまらない原因は高橋校長が示すもの以外にも、「説明がくどい」これもあると思います。
> 　教師はわかりやすく丁寧に説明しているつもりでも、くどくてしつこくて、かえってわかりにくくなっていることがよくありますからね。

　ああ、確かに先生という職業は「説明がくどい」になりがちなところはあるなあ、と改めて思った次第です。

①先生の"ふしぎ"

　よく研修会や集会等で「何かご意見はありませんか?」「何か質問はありませんか?」と聞かれてもシーンとしている、そういうことはよくありますよね。でも同じことを教室の子どもたちがやったら、「何かあるでしょう?」「どうして手をあげないのかな?」「考えていることは声に出して言ってみよう」などと言いがちですよね。このように、自分がその立場になったら、そういう態度は許さないはずなのに、そういう態度をしてしまう、これは先生の"ふしぎ"だなあ、といつも思っていました。

　そして、黙っているから何も意見はないのかと思うと、先生たちって、意外と指名されたら答えたり、話したりするんですよね。これは先生の"あるある"かな、と思います。「そう思っているなら、最初からそう言いなさいよ」とか思ってしまいますけどね。

②簡潔な「説明」とは

　「説明は簡潔に」とよく言われます。でもなかなか「簡潔に」とはならないのも事実です。「わかっている」(と思っている)先生ほど説明がくどくなるような気がします。わかっている(と思っている)からこそ、「こういう場合は○○で、こういう場合は△△で、こういう場合は◇◇だ」と

なったり、「これは、こういうふうにも説明できるし、こういう説明もあるんだ」と、自分の知識を披露したり、という感じになりがちです。

　ちなみに（と思っている）とかっこ書きで書いたのは、「わかっている」先生は、「くどい説明」は伝わらない、ということが「わかっている」ので、おそらくそんな説明はしないのです。「私はわかってるんだゾ」と思っている（思い込んでる？）先生が「説明がくどい」ような気がします。

　では、改めて簡潔な説明とは、どう考えればよいのでしょうか。

　作家の井上ひさしさんは、こんなことを言っています。

> 「むずかしいことをやさしく、やさしいことをふかく、ふかいことをおもしろく、おもしろいことをまじめに、まじめなことをゆかいに、そしてゆかいなことはあくまでゆかいに」

　私は、「むずかしいことをやさしく」言うことが、「簡潔な説明」につながるのではないか、と思っています。そして、この井上さんの言葉は、授業における教師の発話とは「かくありたい」ということだと思いませんか？

○「やさしいことをふかく」－物の本質や、根本原理といったところを指導者としてしっかりと子どもたちに伝えられたらと思います。

○「ふかいことをおもしろく」－おもしろくなければ、子どもたちは興味関心をもってくれないでしょう。「ふかいことをおもしろく伝える」ここに、先生としての "腕" が問われると思います。

○「おもしろいことをまじめに」－そうなんです。おもしろいことはふざけてやっちゃあだめなんです。「まじめに」やることが大事なんです。

○「まじめなことをゆかいに」－そして「まじめ」なことは「ゆかい」にやらなくてはいけません。日本人は、まじめなことが「苦しいこと」になってしまいがちです。「愉快だな、楽しいな」ということが、ものすごく大事な気がします。

　こう考えると、「簡潔な説明」とは、物理的に「言葉が短い」「短文で」ということではなく、その内容がポイントなんだろうと思います。

　「楽しくてあっという間だった」「すいすい頭に入ってきた」という実感を子どもたちにもたせることができるか、そういう授業をしていくことが大切なのかなと思います。

③自分は「くどい説明」をしていないか

　ここまで読んで「自分は大丈夫」と思った先生、もう一度振り返ってもらえれば、と思います。「そうだよなあ、自分もくどい説明をしているときがあるなあ」「昔はくどい説明をしてたかもしれないなあ」「くどい説明になっているときがあるかも」と考えるのが、普通の感覚ではないだろうか、と思います。自分自身の活動を振り返ってみる、リフレクションしてみる（内省してみる＝自分の心の中を見つめ、何をどう感じたのか改めて熟考する）ということが大事だろうと思います。

（初出　令和2年度　インクルーシブ研修だより　第72号「『説明がくどい』先生」2021.3.6）

14　子どもたちへの指示のタイミング

　1学期も半分が過ぎました。学級の様子も少しずつ「慣れ」が出てきていますね。さて、今回は、先生の「子どもたちへの指示」のタイミングについて考えたいと思います。

①タイミングとは

　同じ指示（たとえば「教科書をしまいなさい」）を出すとしましょう。

　子どもの活動の手順としては、①教科書をしまう、②机の上には筆記用具だけ、③テストを配る、④テストを行う、場合によっては「テストの隊形に机を動かす」というのが入ってくるかもしれません。この手順が頭の中で整理されている先生は、タイミングよく指示を出しているように思います。逆にテストを配るときになって、子どもたちがまだ机に教科書を出しているのに気が付き、あわてて「教科書はしまって」と指示したりとか、筆記用具を出していないことに気が付いて「筆箱を出して」とそこで指示を出したり、ということもあります。こちらは明らかに、「その場で気付いてあわてて指示する」ということなので、タイミングとしては二の次、ということであることが多いように思います。教員としては、「その場であわてて指示する」ということは極力ないようにしたいと思いますが、皆さんはどうお考えでしょうか。

②「何をさせるか」明確になっているのか

　指示をする教員自身が子どもたちに「何をさせるか」が明確になっていないと指示があいまいになったり、「その場しのぎ」の対応になりがちです。たとえばテストが終わった後、子どもが「終わったら何をすればいいですか?」と聞いてきて、そのときに「あ!そうか。どうしようか?本でも読ませておくか」と考えて指示をする先生と、「テストが早く終わった子はそのあと何をやらせるか⇒計算ドリルをやらせよう」と最初から計画している（企画している）先生とは、指示を出すタイミングも微妙に違います。最初から「このときはこうする」ということが明確になっている先生は、最初の段階（「教科書をしまいましょう」の段階）から、最後までの活動を指示したり、口頭だけだと記憶に残らないからと黒板に書いたり、電子黒板で最初から明示したり、とやったりしていると思います。一言でまとめると「その授業でやるべきことを見通しをもって行っているか」ということに尽きると思います（以前にも書きましたが、「先生、この授業のねらいは何ですか?」と聞いたら「そんなこと俺にもわかんないよ」と答えた先生のことはおそらく一生忘れないでしょうね。「見通しをもつ」という話をするときに、いつもこの先生のこの一言と顔が浮かびます）。

③先生と子どもたちとの関係

　一方で、前号に指摘した通り「子どもたちは意外に先生のことを見ている」ので、子どもたちが成長して「指示を的確に聞く力」が育っている、という場合があります。ベテランの先生に多いですが、日々の学習や生活の中で「先生の話を聞く」ということが定着していると、多少指示のタイミングがずれても子どもたちは動いてくれます。そもそも「教科書をしまいなさい」などと指示しなくても「テストをやるよ」の一言で子どもたちが「テストをやる⇒教科書をしまう、筆記用具を出す、テストの隊形にする」とわかって行動できるような子どもたちなら、たくさんの指示自体が必要ないわけで、ある意味、そういう状態が「理想」と言えなくもありません。子どもたちが「わかっ

ているよ」という認識を高めること、「先生の話を聞く」という態度が育っていることが大事だと思いますが、その形成過程においては「先生と子どもたちとの関係」が大きくかかわっているように思います。

たとえば「毎日興味深い話をしてくれる先生」と「いつも同じ活動しかしない先生」では、圧倒的に前者の先生と関係したい、と子どもたちは思うでしょうね。

そう考えると、「指示のタイミング」というのは、一見、ハウツーやテクニックのような話に聞こえますが、実は「先生と子どもの関係」がベースになっているものなのだ、ということがわかります。新人の先生とベテランの先生が同じ指示を出しても結果が違う、というときには、てきめんにこの「関係の違い」がかかわっていることが多いです。

④的確な指示を出せるようになるには

では、新人が的確な指示を出せるようになるにはどうしたらよいか。まずは「まねる」ことだと思います。ベテランの先生の指示をまねてやってみること。当然キャラクターも関係も違うので、すぐにうまくはいかないでしょう。でも、試行錯誤を経て、自分のキャラや関係を生かした指示ができるのだと思います。新人の先生方が「授業を見に行く」研修が多いのは、そういう学びも期待してのことです。あとは活舌や発声の問題、これはどうしても個人の問題になってきます。「声が小さくて、何を言っているのか聞こえない」と子どもたちに言われるようでは、まずそこを何とかしなければなりません（そういえば、すぐにマイクを使う先生もいましたね）。活舌の悪さや話し方のトーン（暗い言い方、高圧的な言い方になっていないか）も重要な問題です。「話し方教室」に通って、そういう力を身に付けた先生もいます。そこは「努力したもの勝ち」かもしれませんね。

（初出　令和4年度　インクルーシブ研修だより　第14号「子どもたちへの指示のタイミング」2022.5.25）

この節では、「子ども」に焦点を合わせて、「読み取る」「ほめる」「衝動性」といったことに言及しています。

1 子どもの表情から読み取る

通常の登校が始まりました。分散登校で子どもが半分だった教室の風景から、全員がそろっての、ある意味、日常の風景になりました。とはいえ、コロナ対策はしていかなければなりませんが。さて、今回は、教室を回りながら考えたこととして「子どもの表情から読み取る」ということを話題にしたいと思います。

①何を読み取るのか

何を読み取るのか?と問われれば、それは子どもの「思考」です。子どもが「考えている」かどうか、もっと言うと「頭が働いているか」「脳が働いているか」ということです。

「表情から読み取れるのか」と質問がきそうですが、教員は「読み取れるようにならないといけない」と思っています。もちろん、子どもの思考を読み取る手段としては、それだけではなく、日々の活動や、ノートの記載や、ドリルや、テストの結果、など、様々な手段を駆使して、私たちは学習が身に付いたかどうかを評価しているわけです。先生方には、その中でも「表情」に注目して、読み取る力をつけていってほしいと思います。

②思考は表情に出る

昔、林竹二(1906-1985年)という有名な教育学者(宮城教育大学の学長をされていた方です)がいました。全国の学校で、対話型の出前授業をされていました。その中にいわゆる底辺校と呼ばれるような高校へ出向いて行って、出前授業をした記録が残っているのですが、リーゼント頭の高校生が、次第に考えていく表情になっていくのを写真がとらえています。林先生自身も、そうした生徒の表情から、「考えている」「思考している」というのを読み取っていたようです(ちなみに林先生は「学ぶことの証は、ただ一つで、何かがかわることである」と言われています。学ぶことは覚えこむことではない、という思いがそこにはあったように思います)。

また、私自身の経験で恐縮ですが、私のクラスでも、ある子どもが「○○先生にこれやっていいと言われた」と言って、当の○○先生から「私は言ってないよ」と言われたときに、さあ次はどう言い訳をしようか、と頭がフル回転していたのを思い出します。「『頭がフル回転』ってどう判断するの?」と言われそうですが、そこにいた何人もの先生が「考えていたよね～」「頭が回転していたよね」と同じように感じていたので、そういうことは、やはりわかるのだと思います。つまり、

インクルーシブ研修だより
No. 15

2020.6.19　　　　杉並区立桃井第一小学校　高橋　浩平

子どもの表情から読み取る

通常の登校が始まりました。分散登校で子どもが半分だった教室の風景から、全員がそろっての、ある意味、日常の風景になりました。とはいえ、コロナ対策はしていかなければなりませんが、さて、今回は、教室を回りながら考えたこととして「子どもの表情から読み取る」ということを話題にしたいと思います。

何を読み取るのか

何を読み取るのか？と問われれば、それは子どもの「思考」です。子どもが「考えている」かどうか、もっと言うと「頭が働いているか」「脳が働いているか」ということです。
「表情から読み取れるのか」と質問が来そうですが、教員は「読み取れるようにならないといけない」と思っています。もちろん、子どもの思考を読み取る手段としては、それだけではなく、日々の活動や、ノートの記載や、ドリルや、テストの結果、など、様々な手段を駆使して、私たちは学習が身に付いたかどうかを評価しているわけです。先生方には、その中でも「表情」に注目して、読み取る力をつけていってほしいと思います。

思考は表情に出る

昔、林竹二（1906 - 1985）という有名な教育学者（宮城教育大学の学長をされていた方です）がいました。全国の学校で、対話型の出前授業をされていました。その中にいわゆる底辺校と呼ばれたような高校へ出向いて行って、出前授業をする記録が残っているのですが、リーゼント頭の高校生が、次第に考えていく表情になっていくのを写真がとらえています。林先生自身も、そうした生徒の表情から、「考えている」「思考している」というのを読み取っていたようです。（ちなみに林先生は「学ぶことの証は、ただ一つで、何かがかわることである」と言われています。学ぶことは覚えこむことではない、という思いがそこにはあったように思います。）

また、私自身の経験で恐縮ですが、私のクラスでも、ある子どもが「○○先生にこれやっていいと言われた」と言って、当の○○先生から「私は言ってないよ」と言われたときに、

さあ次はどう言い訳をしようか、と頭がフル回転していた、のを思い出します。「『頭がフル回転』ってどう判断するの？」と言われそうですが、そこにいた何人もの先生が「考えていたよね～」「頭が回転していたよね」と同じように感じていたので、やはりわかるのだと思います。つまり、「思考する」ということは「表情に出る」ということなのです（ちなみに、ごくまれに「考えるフリをしている」という子もいますが、これは教員の方が熟練してくると、「あ、考えるフリしてるな」と気付けるようになってきます。しかし、これは、教員の側もあまり考えずに「さあ、考えて」等と言っていると、子どももそういうフリを「習得して」しまいがちになるので、指示の仕方は丁寧にしたいものです。）

今は「がんばりどき」

皆さんもご存じのとおり、新型コロナウイルスの影響で、今全員がマスクをしています。これは表情を読み取る側にとっては、かなり辛い状況です。でも、そういう状況だからこそ、今は「がんばりどき」だと思うのです。「マスクをしているから、表情が読み取れない」ではなく、「マスクがあったって、表情を読み取ってみせる」ぐらいの気持ちが必要かなと思います。マスクがハンデの分、たとえば姿勢（話に集中していたり、興味をもっていたりすると、自然と前のめりの姿勢になります）や目線（どこを見ているか、目線が泳いでいたり、定まらなかったりしていないか）などに注目し、読み取っていくのです。
実は、逆の見方もここにはあります。「先生が子どもをみる」の逆です。子どもたちの方も教員の表情を読み取って行動していたりする訳です。「マスクをしてるから、先生が何を考えているのかわからない」という子もいるかもしれませんね。こうした点は、指導者として工夫が必要かもしれません。

話さない、話せない子とのかかわりの中で

私は教員時代、いわゆる「言葉のない」話せない子を多く担任してきました。そうすると、当然、言葉だけでは指導ができず、身振り手振りなどの「ノンバーバルコミュニケーション（非言語コミュニケーション）」も活用しながら、その子とも「ノンバーバルコミュニケーション」でやりとりしていたように思います。その子たちのかかわりを通して、私自身の「読み取る力」も鍛えられていきました。そして、それは話せない子だけではなく、場面緘黙で「話さない」子にも有効だったと感じます。クラスの中で「話すことが苦手な子」「おしゃべりをしない子」などに注目して、意識してその子が何を考えているのかを考えてみる―そうしたことも「読み取る力」を伸ばすことになるのかもしれません。

桃一小のインクルーシブ教育とは
「できないことをほったらかしにしない教育」

「インクルーシブ研修だより」No.15 (2020.6.19)

「思考する」ということは「表情に出る」ということなのです（ちなみに、ごくまれに「考えるフリをしている」という子もいますが、これは教員の方が熟練してくると、「あ、考えるフリしてるな」と気付けるようになってきます。しかし、これは、教員の側もあまり考えずに「さあ、考えて」等と言っていると、子どももそういうフリを「習得して」しまいがちになるので、指示の仕方は丁寧にしたいものです）。

③今は「がんばりどき」

　皆さんもご存じのとおり、新型コロナウイルスの影響で、今全員がマスクをしています。これは表情を読み取る側にとっては、かなり辛い状況です。でも、そういう状況だからこそ、今は「がんばりどき」だと思うのです。「マスクをしているから、表情が読み取れない」ではなく、「マスクがあったって、表情を読み取ってみせる」ぐらいの気持ちが必要かなと思います。マスクがハンデの分、たとえば姿勢（話に集中していたり、興味をもっていたりすると、自然と前のめりの姿勢になります）や目線（どこを見ているか、目線が泳いでいたり、定まらなかったりしていないか）などに注目し、読み取っていくのです。

　実は、逆の見方もここにはあります。「先生が子どもをみる」の逆です。子どもたちの方も教員の表情を読み取って行動していたりする訳です。「マスクをしてるから、先生が何を考えているのかわからない」という子もいるかもしれませんね。こうした点は、指導者として工夫が必要かもしれません。

④話さない、話せない子とのかかわりの中で

　私は教員時代、いわゆる「言葉のない」話せない子を多く担任してきました。そうすると、当然、言葉だけでは指導ができず、身振り手振りなどの「ノンバーバルコミュニケーション（非言語コミュニケーション）」も活用しながら、その子とも「ノンバーバルコミュニケーション」でやりとりしていたように思います。その子たちとのかかわりを通して、私自身の「読み取る力」も鍛えられていきました。そして、それは話せない子だけではなく、場面緘黙で「話さない」子にも有効だったと感じます。クラスの中で「話すことが苦手な子」「おしゃべりをしない子」などに注目して、意識してその子が何を考えているのかを考えてみる―そうしたことも「読み取る力」を伸ばすことになるのかもしれません。

（初出　令和2年度　インクルーシブ研修だより　第15号「子どもの表情から読み取る」2020.6.19）

2　子どもをほめる

　よく、「子どもをほめましょう」という話がありますが、これは一つはどうしても注意や叱責が多くなってしまいがちで、そのバランスをとるためにも「ほめる」ことが必要だ、ということがあると思います。今回は「子どもをほめる」ことについて考えたいと思います。

①ほめるタイミングは

　子どもをほめるときに一番重要なのはタイミングだと思っています。「それいいね」と、そのときにほめられるのと、あとから「あのときは良かったね」と言われるのでは、断然そのときにほめることができた方が良いわけです。あくまで私見ですが、教員は注意や叱責はそのタイミングでできますが、「ほめる」ことについては、なかなかそのタイミングでできないように思います。それは「ほめ慣れていない」ということもあるかもしれません。授業中に子どもが発言した意見については「そうだね」とか「なるほど」とかリアクションを返していますが、子どもの行動や何気ない動作についてさっとほめているでしょうか。

②「ほめられる」ことは

　子どもの側からすると「ほめられる」ということは、自分の承認要求を満たされる、ということです。ほめられて「自分はかっこいい」という自己肯定感も生まれます。ネガティブな考え方をとる子どもには、「ほめられる」ことによって「まんざらでもない自分」を見つけていく、ということもあります。そう考えると、「ほめる」こと（発言や行動や動作など）を見つけたときに、自然にさっと「ほめる」ことができる教員になりたいものです。

③「ほめる」ことを見つける

　「『ほめる』ことを見つけた」と、さらっと書いてしまいましたが、見つけられる教員と見つけられない教員がいることもまた事実です。子どもの側からすると、見つけられる先生は「ぼくのことをよく見てくれている先生」になり、見つけられない教員は「ぼくのことをまったくわかっていない先生」ということになります。どちらがいいかは自明でしょう。私たちは、「『ほめる』ことを見つける」努力をしなくてはいけません。それでも、なかなかほめることがないという子どももいます

よね。そのときは「学校に来てエライ」「席に座っていてすごい」「先生の目を見て話せてすばらしい」という感じで、行為そのものをほめるというやり方があります。先生によっては、まわりの子が普通にできていることを、わざわざほめるのはどうなのか、と思われる方もいるようですが、そこに「どの子も同じ」（であらねばならない）という同調志向を感じることもあります。「一人一人ちがっていていいんだ」という考え方に立ってみましょう。「同じことをしていてA君はほめられるのに僕はなんでほめられないんですか？」と子どもが聞いてきたときに、「それはね、A君はやっとこういうことができ始めてきているんだよ、君はもう十分にできているよね。はじめて逆上がりができたりするとほめられるじゃない？そういうことなんだよ」などと説明しておけば、子どもたちは納得すると思うのですが。

　また、おもしろいことに注意や叱責の多い先生は、クラスの子どももそういう傾向になり、「ほめる」ことが多い先生は、クラスの子どももそういう傾向になる、ということがあります。そういう意味では、担任の先生というのは子どもの鏡でもあり、その態度や行動がまねされていく、ということも意識しておいた方がいいと思います。

　それに、単純に「ほめられる」と嬉しい、ということもありますよね。それは子どもだけではなく、大人もそうです。小学校4年生のときに散々苦労させられた中学2年生の子に「来年、校長会長なんだ」と言ったら「すげーじゃん」と言われて、そのほめ言葉が、今自分が頑張る原動力になっているなと思います。管理職として、どれだけ先生方を「ほめる」ことができているか、ということはいつも課題なのですが（笑）。「あの校長はいつも注意や叱責ばかり」と言われないようにはしないとな、とは思っていますが。

④ほめ言葉をたくさんもとう

　「すごい」「すばらしい」「いいね」「いいよ」「よくできたね」「お見事」などほめることばを集めてみたことがあります。三好真史『どの子も好きになる！楽しみながら話せる！英語あそび101』（学陽書房、2020年）という本に英語版のほめ言葉が載っていたので紹介しておきます。

　「Great！（すごい！）」「Very good!（とてもいいです！）」「Wonderful！（すばらしい！）」「Cool!（いいね！）」「Awesome！（すごくいいね！）」「Excellent！（優秀だね！）」「Good job!」（よくできました！）」「Correct!（正解！）」「Interesting!（おもしろいね！）」「Nice idea!（いい考えだね！）」「Perfect!（完璧！）」「That's right.（その通り）」「You can do it.（君ならできるよ）」「Take your time.（ゆっくりでいいからね）」「Close.（おしい）」「Nice try.（がんばったね）」「Amazing!（お見事！）」「Come on!（がんばれ！）」「Take it easy.（落ち着こう）」。先生たちが「ほめ上手」になる、「ほめ上手」な先生が多い、ということがインクルーシブ教育の環境の一つ、という気がしています。

（初出　令和3年度　インクルーシブ研修だより　第11号「子どもをほめる」2021.5.12）

3　子どもの衝動性はどこからくるのか

①マズローの欲求5段階説

　心理学で基本と呼ばれるものに「マズローの5段階説」があります。これは生理的欲求があり、

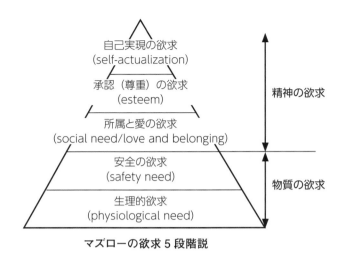

マズローの欲求5段階説

出典：東御市元気に育てすくすくぽけっとホームページ　こころに関する記事一覧
「マズローの欲求段階説」（2015年12月21日）

それが満たされると安全の欲求が出てきて、それが満たされるとさらに次は所属と愛の欲求、承認の欲求、自己実現の欲求と5つの欲求段階があり、下に行くほど広いので、ピラミッド型の構造として示されています。

　子どもの衝動性は、もちろんADHDなどの障害が起因として説明されることが多いですが、このマズローの説に沿っても説明が可能ではないか、と最近感じています。

②ある事例から考えたこと

　遠足に参加し、たくさん楽しいことをやって満足していたのに、昼過ぎから眠くなった途端、今までの楽しさがうそのように不機嫌になり、「あ〜だからこんな遠足はきたくなかったんだ」「全然楽しくない」「やりたくなかった」と言い始めました。こちらが「いやあ、これ楽しかったじゃない」「あれも楽しんでいたよ」と話しても「こんなことがあったから楽しくなかった」などネガティブな発言しか戻ってきません。そのうち本当に寝てしまいました。こちらは「相当眠かったんだな」とそのときに思いましたが、生理的欲求が根源的な欲求だからこそ、そちらが勝ってしまう、ということではないか、と考えられます。

　「おなかがすいた」「ねむい」という欲求が起こっても、「授業中だから我慢しよう」「なんとか起きていよう」「がんばろう」という気持ち（これが理性とよばれるものなのかもしれません）でいるというのが普通の感覚かと思いますが、やはりそのようにはいかない子どももいます。「生理的欲求」が勝ってしまい、それが衝動性になり、暴言を吐いたり乱暴を働いたりしているということは意外にあるのではないでしょうか。

③安全の欲求

　「生理的欲求」の次は「安全の欲求」です。これは、「危険や脅威からの防衛」という部分です。あたりかまわず相手を殴ってしまう、すぐに暴言を吐く、といった行為も、その子が何かしら危険や脅威、あるいは不安などを抱えていて、その防御としてそういう行動に出ている、と考え

ると説明がつく場合があります。

　もちろん、そこには少なからず妄想や事実誤認といったことがあり、だからこそ「殴っちゃダメでしょ」「言っちゃダメでしょ」という指導になりがちなのですが、「こういうことが嫌だったのかな？」「このことが不安に思ったのかな？」ということを指導者側は想像してあげることが必要です。よくあるのが、ちょっと見られただけで「にらんできた」というケースです。「何にらんでるんだよ」と殴ってしまう。なぐられた方はにらんでいる意識はないわけですから、「何もしてないのになぐられた」となるわけです。このようにトラブルの多くは「過剰な防衛反応」が引き起こしている、ともいえそうです。

　本人のそういう思いに気持ちを寄せつつ、「悪いことは悪い」と指導はするべき、というのが基本でしょう。でもどの程度までその指導が入るのか、どこまで指導することがいいのか、というのは各個人によって違ってきます。そのあたりに指導者としてのセンスが問われるのかもしれません。はっきり言えることは画一的な指導ではだめだということです。

（初出　平成30年度　インクルーシブ研修だより　第4号「子どもの衝動性はどこからくるのか」2018.5.28）

第5節　発　達

子ども理解に発達的視点は欠かせません。「なかなか難しい」とよく言われましたが、この節では発達について書いたものをまとめています。

1　子どもの発達の姿

昨年度作成した幼保小連携教育の報告リーフレットに「子どもの発達の姿」を載せました。心理学の先生から怒られそうな、かなりざっくりとした表ですが、子どもの発達の段階をある程度目安として見えるように、できるだけシンプルなつくりにしました。

①発達段階と教育

知的な遅れがある場合、発達段階が2歳半を超えないと特別支援学級での教育は難しい、とよく言われています。それは、ピアジェがいう「感覚運動期」「前操作期」のあたりと関連します。「感覚運動期」は自分で触ったり、なめたりしてその物を確認する時期です。「前操作期」に入ってこないと特別支援学級の授業は難しいということです。一方、通常学級(通常教育)は「具体的操作期」に入っていることを前提にカリキュラムが組まれている、と言っていいでしょう。ここで強調したいのは「『感覚運動期』だから支援学校へ行きなさい、『前操作期』だから支援学級に行きなさい」と言っているわけではないということです(でもそういう話になるのは、学習指導要領(カリキュラム)

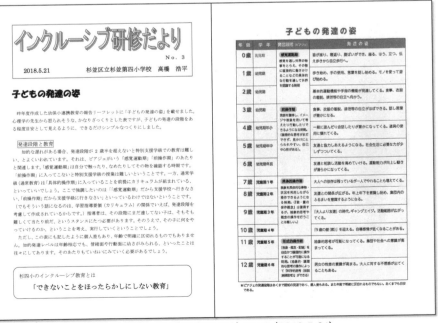

「インクルーシブ研修だより」No.3 (2018.5.21)

70

の関係で言えば、発達段階を考慮して作成されているからです）。指導者は、その段階にまだ達してない子は、そもそも難しくて当たり前だ、というスタンスにたつ必要があります。そのうえで、その子に何をやっていけるのか、ということを考え、実行していくということでしょう。

　ただし、この表にも記したように個人差もあり、年齢で明確に区切れるものでもありません。知的発達レベルは年齢相応でも、情緒面や行動面に幼さが見られる、といったことは往々にしてあります。そのあたりもていねいにみていく必要があるでしょう。

（初出　平成30年度　インクルーシブ研修だより　第3号「子どもの発達の姿」2018.5.21）

子どもの発達の姿

年　齢	学　年	発達段階(ピアジェ)	発達の姿
0歳	乳児期	**感覚運動期** 感覚を通し外界の物事をとらえ、その物に直接的に働きかけることなどの具体的な行動を通して外界を認識する時期	首が座り、寝返り、腹ばいができ、座る、はう、立つ、伝え歩きから自立歩行へ。
1歳	幼児期		歩き始め、手の使用、言葉を話し始める。モノを使って遊び始める。
2歳	幼児期		基本的運動機能や手指の機能が発達してくる。食事、衣服の着脱、排泄等の自立へ向かう。
3歳	幼児期	**前操作期** 言語を獲得し、イメージや表象を用いて考えたり行動したりできるようになる時期。（論理的な思考がまだできず、見かけにとらわれやすい、自己中心性がある）	食事、衣服の着脱、排泄等の自立がほぼできる。話し言葉が豊かになる。
4歳	幼児期年少		一緒に遊んだり会話したりが豊かになってくる。道具の使用に慣れてくる。
5歳	幼児期年中		友達と協力しあえるようになる。社会生活に必要な力が少しずつついてくる。
6歳	幼児期年長		友達と相談し活動を高めていける。運動能力が向上し動きが滑らかになってくる。
7歳	児童期1年	**具体的操作期** 表象を具体的な事物・状況を利用しながら操作できるようになる時期。（『数・量の保存概念』は獲得するが、抽象的思考や概念の操作を行うことは難しい）	大人への依存は残っているが一人でやれることも増えてくる。
8歳	児童期2年		友達との関係が広がる。年上年下を意識し始め、集団内のふるまいを意識するようになる。
9歳	児童期3年		「大人より友達」の時代、ギャングエイジ。活動範囲が広がってくる。
10歳	児童期4年		「9歳の壁（節）」を迎える。自尊感情が低くなることがある。
11歳	児童期5年	**形式的操作期** 「表象・概念・記憶」を自由かつ論理的に操作することが可能になる時期。（抽象的・論理的な思考の操作によって『科学的思考（仮説演繹思考）』ができる）	抽象的思考が可能になってくる。集団や社会への意識が高まってくる。
12歳	児童期6年		男女の性差の意識が高まる。大人に対して不信感が出てくることもある。

※ピアジェの発達段階はあくまで認知の発達であり、個人差もある。また年齢で明確に区切れるものでもない。あくまで目安である。

出典：杉並区立杉並第四小学校「平成29年度杉並区幼保小連携推進校　報告リーフレット『かかわり つながる 幼保小連携教育－子供園・保育園・幼稚園からの円滑な接続を目指して－』」（2018）

2　発達的視点をもちながら（発達について考える）

　このところ、校長室が保育園と化している（？）昨今ですが、追いかけっこをしている子どもを見て改めて思うのは、「まだ発達的にそういう状況にあるんだなあ」ということです。

　今の子どもたちは「汗びっしょりで遊ぶ経験が少ない」とよく言われます。「遊ぶ」「遊びこむ」ということは発達にとって大事な視点で、特に幼児教育の世界では、発達の土台を作る、という意味からも「遊び」を大切にするべきだと私は考えています。小学校準備教育のような幼稚園（ひらがなを書かせたり、算数を教えたり）もないわけではありませんが、やはりこの時期しっかりと遊ばせたいと思いますし、そのことが学齢期に入って学習の基礎になると実感しています。

　（余談ですが、埼玉県の深谷で保育園を経営していた斎藤公子先生に学生時代にお話を聞く機会がありました。「乳幼児期には広い自然の中でたくさん遊ばせるべきだ」という斎藤先生に、「そもそも自然のない都会だったら、どうするのですか？」と質問したら、斎藤先生の返事は「だから山を買うんです」でした。実際、斎藤先生の保育園は借金をして広大な敷地の中に立派な築山などをおいていました。とても真似をできる話ではありませんが、子どもの成長・発達に対する執念のようなものを強く感じて、30年以上たった今でも印象に残っています。）

　先日、1年生の生活科でシャボン玉遊びや水遊びをしていましたが、生活科ではもっともっと徹底して遊びを追求していっていいと思っています。それがまた幼保小の接続・連携にもつながります。

　（ここもまた余談です。『小学校学習指導要領解説生活編』（P6）には「幼児期の教育において育成された資質・能力を存分に発揮し、各教科等で期待される資質・能力を育成する低学年教育として滑らかに連続、発展させること。幼児期に育成された資質・能力と小学校低学年で育成する資質・能力とのつながりを明確にし、そこでの生活科の役割を考える必要がある」と書かれています。幼児教育との連続性が重要になっている、ということです。この流れから1年生のスタートカリキュラムも始まっています。）

　さて、というところで、今回から数回にわたり、児童の「発達」について書いていきたいと思います。

　埼玉県の学童の指導員さんの研修会で10年以上、「学齢期の子どもたちの発達について」お話をしてきました。その研修のレジュメを基に、これから発達についてお話していきたいと思います。やや長い連載になりますが、どうぞお付き合いください。

①「発達論」に決定版はない

　発達の理論を学ぶと、「この時期には○○できるようになる」とか「○○できるから今はこれくらいの段階にある」といった見方をしがちですが、それは絶対ではない、ということに留意する必要があります。

　精神科医の滝川一廣さんはこう言っています。

> 「社会における文化のあり方しだいで、精神発達のあり方は多様なヴァリエーションをもつと考えられる。時代や文化を超えて万古不易の精神発達はありえない。したがって、時代や文化の差を超えて普遍的な発達論、つまり発達論の決定版もありえないと考えられる。」
> （滝川一廣『子どものための精神医学』医学書院、2017）

　ベテランの先生方は、自らの体験や、これまでの経験則などを基に、子どもを見ていきます。そのこと自体はよいのですが、そこが固定化してしまうと、その枠に収まらない子どもは「理解不能」となってしまうことが多いように思います。そして、「こんな子はどうしたらよいのですか」「どう考えたらいいのですか」と悩みます。しかし、児童の発達はハウツーでは語れないし（そういう本もたくさんあります）、「これだ！」といえる決定版もありません。まずは、「見方を固定化しない」「発達論に決定版はない」「子どもと対面して悩みながら考えていく」ということをスタートとしたいと思います。

②そもそも発達とは

　辞書で引くとこう書かれています。

　発達＝受精から死に至るまでの人の心身の量的及び質的変化・変容

（新井邦二郎編著『図でわかる発達心理学』福村出版、1997）

　発達＝〔からだ・精神などが〕成長してより完全な形に近づくこと

（『新明解国語辞典　第四版』三省堂、1991）

　発達＝①生体が発育して完全な形態に近づくこと。②進歩してよりすぐれた段階に向かうこと。規模が大きくなること。③【心】個体が時間経過に伴ってその心身・身体的機能を変えてゆく過程。遺伝と環境とを要因として展開する。　　（広辞苑、第七版、2018）

　この下線の部分について次回から深く考えていきたいと思います。

（初出　令和2年度　インクルーシブ研修だより　第21号「発達的視点をもちながら（発達について考える）」2020.7.22）

3　発達段階

　今回は、前回の「発達とは単純に『○○できる』という行為・行動だけでなく、心の内面の育ちが並行してなければならない。機械的に発達をとらえてはいけない」を踏まえた上で、発達心理学でよく解説される発達段階ということについて考えてみたいと思います。

胎児期	受胎後 2 ヶ月頃から出生までの時期
乳児期	出生から 1 歳半くらいまでの時期
幼児期	1 歳半から就学前（6 歳）まで
児童期	6 歳から 12 歳まで
思春期・青年期	13 歳から 25 歳まで
壮年期（成年期）	26 歳から 40 歳
中年期	41 歳から 60 歳
老年期	60 歳〜

出典：いくつかの発達段階表をもとに高橋が作成

　おおまかな時期区分として、上記のような区分は「○〜○歳」と厳密に切れるものではないにせよ、おおよそ同意してもらえると思います（個人的には「中年期は 41 〜 60 歳なのか？」とか「60 歳を超えたら老年期なのか？」とか思いますし、75 歳を過ぎたら「後期高齢者」などという言い方がありますし、人生 100 年などと言われているので、児童期以降の区分は今後、検討の余地が大いにあると思っています）。

①ピアジェの発達段階論

　ジャン・ピアジェ（Jean Piaget, 1896-1980）は、スイスの心理学者。20 世紀において最も影響力の大きかった心理学者の一人。知の個体発生としての認知発達と、知の系統発生としての科学史を重ね合わせて考察する発生的認識論を提唱しました。

　心理学を学ぶ者にとってピアジェは避けて通れない、と言ってもいいでしょう。ピアジェは発達段階として4つの段階を挙げています。

(a) 感覚運動期（おおよそ0〜2歳）

　感覚と運動的活動を通して外界の事物を認知したり、新しい場面に適応する。

(b) 前操作期（おおよそ2〜7、8歳）

　表象的思考（直接的な身体活動を必要としない思考）が可能となり、外部の刺激と直結した因果関係の認識ができるようになるが、事物の一側面に強くとらわれる自己中心性を示す。

　※自己中心性とは、自分を他者の立場においたり、他者の視点に立つことができないという認知上の限界性。

(c) 具体的操作期（おおよそ7、8〜11、12歳）

　知覚的な特徴に左右されずに事物の本質的な特徴の等価性を判断できる保存の概念が成立し、系列化、階層構造に基づく分類などの操作が可能となる。

　<脱中心化>自己中心性からの脱却で、多様な視点の存在に気づき、他者の視点からも対象を認知できるようになることである。

〇保存概念の獲得―「数の保存」「体積の保存」「重さの保存」

(d) 形式的操作期（おおよそ11、12歳〜）

　　抽象的な概念をもとに思考できるようになり、具体的内容と無関係に、純粋に関係（形式）だけを思考の対象として推論できる。

②どのように発達段階をとらえるか

　　ピアジェはもう古い、と言う人もいますが、もともとピアジェが規定したのはあくまで「知的（知能）発達」の段階であって、感情や人格などの発達にあてはまるということは言ってはいないのです。ですから、これがこのまま人間の発達として万能であるわけではありません。ただ、ピアジェの発達段階はおおまかに発達をとらえるという点においては大変有効だと考えています。たとえば、道具を口にする、感触を楽しむような児童は、知的レベルでいえば「まだ感覚運動期にいるお子さんだね」というような見立てで使われたりします。またよく「9歳の壁」「9歳の節」（「9、10歳の〜」という方もいます）ということが言われますが、まさにそこがピアジェでいうところの具体的操作期から形式的操作期の変わり目にあたります。抽象的な思考ができる段階が形式的操作期であり、学習指導要領もそうした発達的視点の中で作成されています。たとえば、歴史などは、時代の流れ、因果関係など、抽象的な思考が要求されるので、形式的操作期になってから学習する、といったことが挙げられます。知的な障害があると、なかなかこの壁（節）を越えることができないと言われています。生活科のような直接体験があるような学習はまだ具体的操作期の児童でも学習が成立しますが、高学年になると難しくなります。「がんばれ」「努力して」の世界ではないことに留意すべきでしょう。…続きます。

（初出　令和2年度　インクルーシブ研修だより　第23号「発達段階という考え方」2020.7.28）

4　ピアジェの4つの発達段階

　　心理学的な話が出てくると、「なんか難しくてわからない」という方が多いので、前回のピアジェの発達段階論をもう一度復習してみたいと思います。

①ピアジェの発達段階論

　(a) 感覚運動期（おおよそ0〜2歳）

　(b) 前操作期（おおよそ2〜7、8歳）

　(c) 具体的操作期（おおよそ7、8〜11、12歳）

　(d) 形式的操作期（おおよそ11、12歳〜）

②感覚運動期と前操作期の違い

　　前操作期になると、たとえば積み木を電車に見立てて遊ぶなど、「見立て遊び」ができるようになってきます（このことを「象徴機能」と呼びます）。こうした見立てができるようになると言語獲得の力がついてきます。

　　感覚運動期では「わんわん」という音声刺激だけしか入ってこないというところから、前操作期になると「わんわん」→「わんわんとほえる生き物」→「いぬ」と呼ぶ、ということがわかってきます。

ですから、逆にいうと感覚運動期にいるお子さんは、なかなか言語獲得が難しいともいえるわけです。

③前操作期と具体的操作期の違い

　大きな違いは、具体的操作期になると「保存の概念」が成立してくるということです。前操作期では、

となっていると 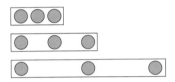 の方が大きい、という見方になっていたりします（「事物の一側面に強くとらわれる」というところです。広くなってしまったことで、数も大きくなってしまった、との思いにとらわれる、ということです）。

　これが具体的操作期にはいると、

と、どんなに広げても「3は3」と確信をもって答えられるようになります。

　ちょうどこのあたりが幼児期から就学期になります。もちろん個人差はありますから、「就学期に入れば具体的操作期だ」とは言えません。子どもによっては、物事の一部分に引っ張られてしまう、ということが就学しても残っている、というケースもあります。「まだ前操作期を引きずっているかな」という印象の子もたまにいます。

　算数の学習は量概念が育っていないと難しいと考えれば、前操作期の段階では、算数の理解は難しい、ということになります。具体的操作期の段階になって、算数の理解は進む、ということです。

④具体的操作期と形式的操作期の違い

　これは前回も指摘した通り「9歳の壁」「9歳の節」が当たります。このあたりに大きな発達的変化が生じる、ということは多くの研究者が認めていることであり、形式的操作期で最も大きいのは「抽象的な思考ができるようになる」ということです。

　「抽象的な思考ができる」とはどういうことか？実体のないものを理解したり、イメージしたりする力です。算数で言えば、おはじきやタイルを使って操作して学習するということは具体的操作期段階の学習ですが、割合などは「これが2割」と見せるわけにはいきません。10人の2割なら2人、50人の2割なら10人、100人の2割なら20人、と母数が違ってくれば割合のもつ数も変わってきます。おはじきやタイルだけでは理解が追い付かない、というところです。イメージがしっかりと頭の中で構築できるのか、というあたりが大きいです。

　学年的には3、4年生、いわゆる中学年の時期にあたります（とは言え、ここも個人差がある

ので注意が必要です）。中学年は、「親や先生よりも友達の方が大事」「ギャングエイジ（集団で徒党を組んで活動する）」「学習の難しさ」（生活科から理科・社会へ、毛筆指導、画数の多い漢字など）ということが出てくる時期です。そうした状況の中で「小児うつ病」の発症が一番多いのが中学年という報告もあります。

　そういった点では発達の土台として、「この子は形式的操作期の段階に入っているか」という見立てはある程度あってもいいかなと感じています。前号でも指摘しましたが、知的障害のお子さんは「9歳の壁」がなかなか乗り越えられないということがあります。発達障害のお子さんは具体物を使ってイメージする、いわゆる具体的操作期にあった課題ではたやすく理解できているのに、抽象的思考が伴う形式的操作期にあった課題になると理解が困難になるというケースも見られます（もちろん個人差はあります）。丁寧に見てあげたい時期ですね。

（初出　令和2年度　インクルーシブ研修だより　第24号「ピアジェの4つの発達段階」2020.7.29）

5　発達についてのまとめ

　発達について、ここまで毎日「インクルーシブ研修だより」を配布してきました。少しは「発達」あるいは「発達段階」ということがイメージできたでしょうか。

　ここまでのまとめとしては、

　(a) 機械的に発達を見ない。

　(b) 人の発達にはおおまかな時期区分がある。

　(c) ピアジェは「知的発達」を4つの発達段階で説明した。

　　（感覚運動期・前操作期・具体的操作期・形式的操作期）

ということです。私たちは研究者ではなく現場の教員ですから、ある意味、ざっくりとイメージが持てていればよいのではないか、と私は思っています。

①発達の原理

　発達の原理を考えたときに、以下のようなことは言えると思っています。

　(a) 個体と環境の相互作用：発達は個体（遺伝）と環境の相互作用によって起こる。

　(b) 分化と統合：発達とは未分化な状態から分化した状態になり、さらにいくつかの分化した状態が統合される過程である。

　(c) 連続性：発達は連続的な過程である。

　(d) 順序性：発達には一定の順序がある。

　(e) 方向性：発達には一定の方向がある。

　(f) 個人差：発達には個人差がある。

　ですから、その子どもだけを見るのではなく、環境の問題も大きいと感じています。子どもたちは大なり小なり環境に影響を受けます。私は、発達を考える前提として、子どもを取り巻く環境ということを考える必要があると思っています。

②子どもを取り巻く環境

　子どもを取り巻く環境としては、(a) 生活—生活リズムの崩れ、(b) 心—心の健康、(c) 身体—身体の健康、(d) 家庭—家庭環境、(e) 社会—情報化社会、社会的モラルの低下、といったことが挙げられます。これは、「からだ力」にも通じるし、「道徳授業」にも通じます。

　その子がおかれた環境を丁寧に見ながら、「どこを支えていけばよいのか」「どの部分を指導していけばよいのか」を考えていかなくてはいけません。

　いろいろな事例がありますが、一つだけ紹介します。

　小学校4年生のみきちゃんは、「ものが見えにくくなった」と訴えて病院を受診しました。眼科で検査をすると、見える範囲は通常の半分しかありませんでした。

　お父さん、お母さんは共働きで、みきちゃんは学童から戻り二人の帰りを待つ毎日でした。帰ってくるとお父さん、お母さんは夫婦喧嘩を始め、時には手があがります。みきちゃんは学校の出来事を聞いてもらえず、二人の喧嘩がおさまるのをおびえて待つのでした。お母さんに、みきちゃんの話を聞いてほしい、喧嘩は、みきちゃんが分からないようにしてほしい事を伝えました。お母さんはその話をお父さんと分かち合い、話し合いました。二人の喧嘩はぐっと減り、お母さんはみきちゃんのお話を聞いてあげました。3回目の受診で、すっかり目が見えるようになりました。(慶應義塾大学病院医療・健康情報サイトKOMPAS (2016))

　心の問題が身体にも影響を及ぼしていた、という事例です。眼科で検査をして半分しか見えないという症状が出ていたわけですが、それは家庭内での状況に影響を受けた心の問題だったわけです。こういった事例の場合、「症状」や「状況」だけを見るのではなく、環境がどうなのか、ということを見ていく必要があります。特に子どもたちにとっては、家庭環境というのは私たちが思う以上に大きな存在です。「家庭環境の安定が、その子の発達を進める要因の一つになる」ということは言えるのではないか、と思います。

（初出　令和2年度　インクルーシブ研修だより　第25号「ここまでのまとめ」2020.7.30）

第6節　授　業

　教師が「教員免許」をもっていないとできないことは「授業」です。授業の充実を図ることがインクルーシブ教育においても重要な視点です。この節では、授業について書いたものをまとめてみました。

1　授業の充実こそが鍵

　先日の職員会議で「授業力の向上を図りましょう」として、いくつかお話をしました。

・子どもが授業を楽しみにしているか

・自分の授業を（受ける側として）受けたいと思うか

・授業のねらいは明確になっているか

・授業に臨む前準備は、児童の準備は（教科書、ノート、筆記用具）

　インクルーシブ教育は、得てして「支援の必要な児童に適切な支援を行う」ということのみに終始してしまう感があります。しかし、一番大切なのは、一人一人の児童が授業を楽しみにしているか、授業に満足しているか、ということではないでしょうか。

　斎藤喜博（1911-1981年）という教育界の先達がいます。斎藤が一貫して追究してきたのは「授業」でした。彼の著書にこんな文章があります。

> 「教育は、授業とか行事とかのなかで、指揮者であり組織者であり、指導者である教師によって、それぞれの子どもの持っている可能性が、学級とか学校とかの集団のなかで引き出され拡大されていかなければならないもの」(斎藤喜博、『授業』(国土社、現代教育101選、1990年(初版は1963年発行)、63頁)

　私たちは「子どものもつ可能性を最大限に引き出し拡大していく」ような授業を行っているでしょうか。お互いにしっかりと振り返りたいと思います。

　もう一つ、1996（平成8）年に山田洋次監督が発表した「学校Ⅱ」という映画です。高等養護学校（特別支援学校）が舞台で、新任で障害児教育に全く関心がなかった永瀬正敏演じる若い新任教師小林が、突然奇声をあげて暴れたり大小便を垂れ流したりしてしまう重度の生徒を受け持ち、「もうやってられない！」とキレたときに、西田敏行演じるベテランのりゅう先生が小林先生に語るセリフです。

「インクルーシブ研修だより」No.8（2016.10.11）

「子どもたちに迷惑かけられるのが教師の仕事でしょ。そのために高い月給、もらってるんでしょ。それとも教師が楽できるような手のかからない人間を作ることが学校教育とでも思ってるの。まさかそんなこと、優秀な成績で大学を出たあんたが考えてるわけないだろ。…何でもいいんだよ、まず子どもとのとっかかりを見つける。そして共感しあう。それで次の段階に進めるんだから」（山田洋次「学校Ⅱ」1996年）

　私は、最終的には「担任として目の前の子どもとどうつきあうか」なんだと思います。そのときに一番大きいのは「この子を育てていきたい」という思いではないでしょうか。

　とはいえ、なかなか「いい授業」ができない、というのも現実です。私自身もずいぶん悩みながら授業をやってきました。そうした悩みの中で、次の5つを「授業づくりの基本理念」として、意識していきました。

(a) 子どもがおもしろいと思う授業を―おもしろい授業・楽しい授業

(b) みんなでいっしょにやる授業を――体感・共感のある授業

(c) 課題が明確である授業を―ねらいがはっきりしている授業

(d) 丁寧に言葉を添える授業を―概念化の手がかりとして「ことば」を大切にする授業

(e) 満足感を得られる授業を―学習したという手応えが感じられる授業

　私たち教員はプロです。プロとしての矜持は、やはり「授業」につきるのではないでしょうか。日々の授業を大事にして悩みながらも進めていきましょう。それが一人一人の授業力の向上にきっとつながるはずです。

（初出　平成28年度　インクルーシブ研修だより　第8号「授業の充実こそが鍵」2016.10.11）

2　「小さじ一杯の工夫」

①研究会の話から

　本校のCS委員長（CS＝コミュニティ・スクールの略。正式には学校運営協議会）である国士舘大学の細越淳二先生が以前、研究会で「『小さじ一杯の工夫』で子どもを変える」というお話をしてくださいました。「動きが同じだけれども、場や条件を変えていくことで動きの質の向上を導く」という指摘で、実際の例としてケンケンパーで説明してくださいました。

　「けん、ぱー、けん、ぱー、けん、けん、ぱー」を、

　最後しっかりと飛ばせたいと思ったら、輪の距離を少し長く置いて、

　「けん、ぱー、けん、ぱー、けん、けん、っつぱあー」

　と声をかけて行う。ちょっとした工夫で、子どもの運動の質を変えることができる。

との話でした。

　この「小さじ一杯の工夫」、体育に限らず、どの教科でもそうだなあ、と思ったのですが、さらにインクルーシブ教育の視点、支援の必要な子に対する指導についても同じことが言えると思います。

②支援のスタートを「小さじ一杯の工夫」で

　個別に支援の必要な子どもがいると、「どうやって支援したらいいかわからない」という問いをよく聞きます。その時点で、指導者側はかなり負担感を感じているのだなと感じます。だからこそ、「小さじ一杯の工夫」から始めてみたらどうかと思うのです。

　耳で聴く（聴覚の情報）だけでは情報が入っていかない子に対して黒板にその情報を書く（視覚の情報）、といったこともそうだと思います。要は、指導者が過度の負担感を感じずにできることを少しでも増やしていく、ということだと思います。

　私がよく例として挙げるのは、

　「物を提示するときに、わざと上下を反対にして見せる」

というものです。先生が「さあ、これを見てください」と言って、わざと上下反対向きで提示します。そうすると子どもたちは「あ！ちがう！」と反応しますから、「先生、ちがうよ」という声も出てきます。そうすると、見ていない子も、そのざわめきに「ん？なんかあったか」という感じで目を向けてくれます。

　子どもたちに「え？なんか変だったかな？」と聞くと「ちがうよ」とか「さかさまだよ」とか声が返ってくるでしょう。そうしたら「ごめん、ごめん、反対だね。正しくはこうだね。じゃあ、これを見てね」と返していくのです。そうすると子どもたちがその物に着目する比率は何もしないよりもとても高くなります。

　しょっちゅうそんなことをやっていると「わざとやってるな」と、飽きられてしまうこともあるので、適度に使うことをお勧めしますが、大事なことは、先生が出したもの、提示したものに「しっかりと目を向けてもらう」ということです。

　このことは逆に、ふだん先生が「はい、これを見て！」と言ったときに、いったいクラスの何人が、

それを見ているのか、ということを先生は意識しないといけない、ということでもあります。どうでしょうか。前回、「指導者は想像力をもって」という話をしましたが、「この子とこの子は見てるだろうな、あの子は見てないだろうな、あの子はボーっとしているかもしれないなー」などと教室の風景が想像できるでしょうか。

③漠然としていないか

ただ漠然と指示をして、「見てる?」「聞いてる?」といっても、子どもにその指示が届いていなければ先に進めません（届かないまま授業が進んでいくと、置いてきぼりの子がどんどん出ることになりますね）。そういう指示を出しているとき、聞いていない、見てない、わかってない子が○○人はいるな、という想像ができるでしょうか。そういうイメージが出てこない人は、日頃「漠然と子どもを見ている」「漠然と教室を見ている」人のような気がします。指導者は、やはり意識をして、「見る」ことが大事です。この場合は注視する、しっかり見る、ということで「看る」という漢字の方が適切なのかもしれません（もちろん、子どもたちのつぶやきを拾う、という面では「見る」だけでなく「聞く」ことも大事です。これも意識して聞くわけですから「聴く」という方が適切でしょうか）。

④どこで「小さじ一杯の工夫」をするのか

先生の言葉かけ、指示の仕方ひとつでも「**小さじ一杯の工夫**」で反応が違ってきます。

たとえば「これを見てください」「見て」という言い方よりも、「先生の左手を見てくれるかな」とか「この指が何かをさすよ。指の先をしっかりと追ってね」という言い方の方が子どもたちは見てくれることが多いです。もちろん「見て」という指示で見ることができている、ということであれば、それはそれでいいのです。

見てくれないな、聞いてくれないな、わかってくれないな、というときに、そこを「なんとかできないか」と考えるかどうかがポイントです。「わかってないのは子どもが悪い」「聞いてないのは子どもが悪い」と考えてしまうと、この「**小さじ一杯の工夫**」をする、という発想が出てきません。

先生方には、ぜひ「小さじ一杯の工夫」を考える、実践する人であってほしいと思います。「小さじ一杯の工夫」をすることができれば、これだけでけっこういい変化はあるのではないかと思っています。

（初出　平成28年度　インクルーシブ研修だより　第11号「小さじ一杯の工夫」2017.2.1）
（再掲　令和2年度　インクルーシブ研修だより　第48号「小さじ一杯の工夫」（2020.11.24）

3　授業づくりの基本理念

私は授業づくりの基本理念として、いつも次の5つを考えています。

(a) 子どもがおもしろいと思う授業を——おもしろい授業・楽しい授業

(b) みんなでいっしょにやる授業を——一体感・共感のある授業

(c) 課題が明確である授業を——ねらいがはっきりしている授業

(d) 丁寧に言葉を添える授業を——概念化の手がかりとして「ことば」を大切にする授業

(e) 満足感を得られる授業を－学習したという手ごたえが感じられる授業

　3年前のインクルーシブ研修だよりに「授業の充実こそが鍵」と題して、この基本理念を書いたことがあるので、覚えておられる方がいるかもしれません。

　この5点、どれも大事ですが、特に「おもしろい授業・楽しい授業」というのは子どもの授業に対する意欲を高めるという点では重要な点です。よく「楽しいだけでいいのか」と反論されることがありますが、「主体的」に学習を進めるということでは「楽しい」ということが動機付けになるわけですから、「楽しい」ということは大切です。

　もっとも、頑張って苦労した先の達成感、そういうことも「楽しさ」であり、「楽しさ」も子どもの実態によってレベルがあるんだとは思います。子どもたちには、よりレベルの高いところで楽しんでもらいたいと思っています。「楽しいだけでいいのか」という先生には、よくこうした「苦労した先にある楽しさ」ということを話しています。

　でも「がんばれ！がんばれ！」と言われるだけでは厳しい子どももいることは事実なので、「とにかくやればいいんだ」的な指導では難しいということも多いです。特にいろいろな価値観を持っている子どもたちが多くなったので、昔よく言われていた（昔といっても30年前くらいまでですかね）「先生の言うことはとりあえず聞くもの」ということがなくなっているということもありますね。
（余談ですが、最近ゲームの歴史を振りかえってみて、任天堂がファミリーコンピュータ（ファミコン）を発売したのが1983（昭和58）年、今から36年前です。ということは、発売当時10歳だった人は今46歳になっているわけで、保護者も教員もテレビゲーム世代なんだな、と思うとちょっと複雑な心境でした。）

①学びの場面では

　岡山大学の佐藤暁先生は、こんなことを書いています。

> 　学びの場面では、楽しそうに学ぶ他者が必要だ。教材に触れて仲間が面白がる姿を、目と耳と心を総動員して「まねる」ことから、学びは始まる。
> （佐藤暁「保育・教育現場で困り感を抱く子どもに寄り添う手立て3000」学研『実践障害児教育』2019年11月号）

　日々の授業で、授業を楽しんでいる、おもしろがっている子がどれくらいいるか、それによって、その授業の成否が分かれるといっては過言でしょうか。自分の授業を振り返って、子どもたちの反応がどうだったか、を改めて確認してみることも大切だと思います。

②あなたはあなたの授業を受けたいですか

　もう20年以上前になります。ある研究会で言われた言葉です。「あなたはあなたの授業を受けたいですか」、つまり、自分のやっている授業を、自分が子どもの立場に立ったときに、「楽しいな、おもしろいな、また受けてみたいな」と思うような授業をやっているだろうか、ということです。この言葉を初めて聞いたとき、私自身はけっこう衝撃的でした。それ以来、いろいろなところでこのセリフを伝えています。自分の授業を客観的に振り返るきっかけになったということもよく言わ

れました。

③教員免許がなくてはできない仕事

　どこかのドラマではないですが、プリントの印刷や採点はある意味教員免許がなくてもできます。では、教員免許がないとできない仕事はなんでしょう？それは授業だと私は思っています。だからこそ、よりよい授業を追求したい、授業で子どもの力を伸ばしたい、それこそが教員のプロたるゆえんである、と思うのですがいかがでしょうか。

（初出　平成31年度　インクルーシブ研修だより　第11号「授業づくりの基本理念」2019.11.20）

4　授業を基本にすえて

①研究授業から

　5月28日、1年1組の先生に授業をお願いし、全員で授業を見て、協議会を行いました。「支援の必要な子に対する支援」というと、どうしても個別の対応や、取り出しなどの支援に重点がおかれがちですが、基本は「授業」だと考えています。そのことを意識して今回の研究授業を実施しました。

＜講師：半澤嘉博先生（東京家政大学教授）のお話から＞

※半澤先生のお話をメモを起こしながら文章化してみました。正確ではないかもしれませんが、お許しください。（文責：高橋）

(a) 集中させる工夫

　導入、席の移動、教材、板書、動作化、明確な指示、発問、確認の姿勢など、形で見ていくのではなく、児童の反応を見ながら柔軟に進めていく。そういう意味では教師のセンスとも言える。

(b) 深い学びの工夫

　話し合い、ルール、手本、例示、発表（口頭→文）、時間設定
授業の中でどれだけ仕組むことができるか。

(c) 多様性を認める

　今日の授業（道徳：はしのうえのおおかみ）で言えば、「やさしい」以外の言葉、「うれしい」「すっきり」「いい気持ち」など、を出すことで、表現の幅が広がる。こうしたことを通して「多様性を認める」ことができる学習集団をつくっていく。

(d) 支援の必要な児童にとってのいい授業とは「誰もがわかりやすい授業」

　授業が目指すべきはまず「誰もがわかりやすい授業」である。そのうえで個々の困難さをどう個別支援していくか、ということである。

(e) 発達障害のある児童が習得しにくい道徳の内容

　ASD（自閉スペクトラム症）の子などは、相手の立場に立って考えることが難しい、温かい心、真心、信頼、あるいは生命の尊さ、かけがえのないもの、といった概念を理解しにくい。

②概念を理解することの難しさ

　私たち指導者が発している概念的な言葉をどれくらい児童がわかっているか、と常に疑ってかかることが大切ではないかと思います。「巨人の星」（1970年代の野球漫画です）世代の人はわかると思いますが、アニメでは、主題歌「♪思いこんだら試練の道を～」をバックにグラウンドにローラーを引いている主人公星飛雄馬の姿が映るのです。この場面を見ていて「ローラー」の名称を「こんだら」と思っていた人が少なからずいるそうです。「重いこんだら」…たしかにそうとも受け取れますね。

　4年生で「がい数」をやりますが、「がい数って何?」という問いに「おおよその数」だという説明がされていることが多いと思います。でも「おおよその数」って本当に児童はこちらと同じように理解しているのか、そう考えると「がい数というのはおおよその数のことです」と説明して終わり、では不十分でしょう。手を変え品を変え、児童に「わかる」ようにトライしていく、その姿勢が指導者には求められると思います。

（初出　平成30年度　インクルーシブ研修だより　第5号「授業を基本にすえて」2018.6.4）

5　子どもたちにどうしたら正しく伝えることができるのか

　授業中の子どもたちの様子を見ていると、一斉の指示を聞けていない、内容が伝わっていないと思うことがあります。しかし、「正しく伝えること」ができないと学習そのものに影響してくることもまた、事実です。今回は「どうしたら正しく伝えることができるのか」について考えてみたいと思います。

①子どもたちはどう受け取っているのか

　子どもがどう受け取っているのかについて、こんな事例がありました。

　(a) 勤労感謝の日が近いある日のこと、「明日は勤労感謝の日だから、日記に書いておきましょう」と伝え、あとでその子の日記を見たら「金土感謝の日」となっていた、ということがありました。彼の耳には「きんろうかんしゃ」が「きんどうかんしゃ」に聞こえ、なおかつ、「勤労」という言葉が難しすぎて、本人の知っている単語を思い浮かべて「金土」となったのでしょう。こちらは「きんろうかんしゃ」って言ったのに…と思いますが、その子にとっては「きんどうかんしゃ」のひ?と思っていたんでしょうね。

　(b) お母さんから「クリスマスになったらプレゼントを買ってあげるね」と言われて、「プレゼントを買ってあげるね」だけが頭の中に残ってしまい、「プレゼント、プレゼント」「クリスマスに買うって言っているでしょう」…でパニック、という事例がありました。自分の都合のよい文脈だけを切り取って受け止めてしまう、そういう傾向がある人が増えているような気がします。

②どうしたら正しく伝えられるのか

　事例をもとに考えてみましょう。

　(a) の場合は、「聴覚による情報が入りずらいのかも」と考えることができます。そうすると視覚による情報（黒板に書くとか、プリントで提示するとか）を補助的に使うことで、正しい理解につ

ながることが多いと思われます。言葉の意味を理解しているか?ということでは、言葉の意味がわからないまま、なんとなくスルーしているということもあるので、「意味わかっている?」という問い直しをして確認をした方がいいですし、またわかっていなければ、説明をする必要があります。

たとえば、「たてじくはなにを表しますか?」と聞かれて「たて」がわからなければ「たてじく」もわかりません。「どの花だんがいちばん広いでしょうか」と言われて「花だん」がわからなければ先に進めません。まさにそこは語彙がどれくらいあるのか、語彙力が試されます。

(b) の場合は、さらにやっかいです。

「プリントが終わったら、休み時間にしていいです」

「書き終わったら、ノートを出しましょう」

「プリントをノートに貼ってから給食の準備をしましょう」

いわゆる「AしたらB」の指示ですが、

ア．「A」だけしかきいていない。

イ．「B」だけしかきいていない。

ウ．「A」と「B」の因果関係がよくわかっていない。

といったことが考えられます。自分に都合よく受け取っている場合もあるので、丁寧に見てあげることが必要になってきます。そう考えると「AをしてBをしたらCをして」といった指示は、こういう部分でつまずいている子にとってはかなりハードルが高い指示であると言えましょう。だから黒板に書くなどの視覚的支援が必須になる場合もあります。

もちろん、こうした配慮をしなくても、正しく伝わる、理解できる子もいます。ですから、あえてハードルを低く設定しすぎるのも極端かなと思っています。一番大事なポイントは、教員側が「いま伝わっているかな」「これ伝わっているかな」という振り返りを適宜しているかどうかだと思います。教員も「わかりやすい説明」を常にしていく努力がより求められているのではないでしょうか。

「子どもがちゃんと聞いていない」と思うのではなく、

「子どもに正しく伝わっていない」→「子どもがわかっていない」→「どうしたら伝わるかを考える」という思考をしていく必要があるでしょう。それは端的に言うと「できなさを子どものせいにしない」ということだと思っています。

(初出　平成30年度　インクルーシブ研修だより　第16号「子どもたちにどうしたら正しく伝えることができるのか」2018.11.14)

6　活動の意味を問い直す

例年のゴールデンウイークが、新型コロナウイルス感染拡大のためにステイホーム週間となってしまいました。臨時休校も延長になりそうです。

2か月以上も学校が臨時休校になるということは、これまでになかったことであり、誰にとっても初めての体験ということになります。ある側面では、これをきっかけにオンライン授業が進む、

ICT 教育が進む、ということも言われています。一番大事なことは何かと考えたときによく言われるのは、「子どもたちの学習保障」ということです。教員一人一人がこの状況で、「子どもたちに力をつけるにはどうしたらよいか」を考えていかなくてはいけません。そして改めて、私たちはこれまでに当たり前のようにやってきたことの意味を問い直さないといけないのかもしれません。

　連合行事が中止になりました。また水泳指導が中止になりました。遠足も中止です。移動教室は今のところ5年生の河口湖富士学園移動教室が1泊2日、6年生の南伊豆弓ヶ浜移動教室は2泊3日で予定されていますが、これも5月7日再開の前提で組まれていたので、今後どうなるかわかりません。学習指導要領に定められた学習内容をきちんと履修する、という観点で言えば、「行事などやっている暇はない」ということもあるでしょう。

　しかし、行事を通して子どもたちが育っていくこともあるわけで、一概に「行事をすべてやめる」というのもどうなのだろう、しかし、三密（密閉、密集、密接）を守って行事ができるのか、と考えると難しい側面もあります。運動会をすでに学年ごとの記録会のような形にして実施することを決めた学校もあるようです。今回は、運動会について考えたことを書きたいと思います（「運動会をやろう or やめよう」という話ではないので誤解のないように）。

①運動会の「組体操」

　皆さんもご存じの通り、ここ数年「タワー」や「ピラミッド」は禁止されています。巨大ピラミッドの問題点を最初に指摘した名古屋大学の内田良准教授はこのように記しています。「大人であれば労働安全衛生規則により、高所で無防備に労働させることは許されていない。他方でそれが子どもになると、まったく不安定な人間製土台に子どもが乗っていくことが推奨される。それを見て、観客席からも拍手が聞こえてくる。そして仮に事故が起きても、使用者（学校や教師）の責任が問われることもない。学校という空間は、まさに独自の理屈が通用する『治外法権』の場である」（内田良『学校ハラスメント』（朝日新書、2019年））。

　その指摘は真摯に受け止めるべきだし、安全という面から「タワー」や「ピラミッド」が禁止になったということもよくわかります。しかし一方で、組体操そのものは、集団行動をとることで気持ちを一つにしたり、子どもたち一人一人が一つの動きを統一的にとることで、観衆に感動を与えたり、自分たち自身も達成感や成就感をもつことができる、という一面もあります。少しおおげさに言えば、「社会性をもつ」一つの学習としての組体操は、簡単に否定してはいけないと思っています。

②ある保護者の感想

　教員で子どもたちを指導していたときには、「とにかく子どもたちがいい成果（結果）を残せるようにしよう」という思いで指導していたように思います。ある意味「特訓も辞さず」という熱血派だったかもしれません。子どもたちががんばって、演技をやりきると保護者も「よくがんばっていた」「先生方のご指導に感謝します」と言われ、それを聞いて満足する自分もいたように感じます。

　そんな中、ある保護者から言われた（書かれた）ことが今でも忘れられません。毎年、年度末に保護者に年度末アンケートというのをやっていました。自閉症の子どものお母さんが、小学校を卒業する最後の年のアンケートにこう書いていたのです。「運動会は6年間好きになれませんで

した」と。

　運動会練習日程になると、ある意味、イレギュラーな日々が続くわけです。日常の学習ではなく、変則的な時間割になったりするわけです。その子は、運動会日程になると、情緒不安になり、家であばれていたそうです。お母さんにとって次は大丈夫かもしれない、という思いも少しはあったかもしれませんが、学校にそれまで、そうしたことを言ってこなかったので、「6年間もそんな思いをさせてしまって申し訳ない」という気持ちになりました。

　改めて今思うのは、「運動会を好きな子もいれば、嫌いな子もいる」「嫌だと言えない子もいる」「ストレスと闘いながらやっている子もいる」ということです。だから運動会「参加」が前提になってしまうと苦しむ子もいたりするんだ、ということを私たちはどこかで意識していないといけないかなと思っています。

　一方で、ストレスという側面から「運動会はやりたい人だけやればいい」「練習なしの当日参加のみ」という動きもありますが、それはそれでどうなのか、という気もします。こんな時だからこそ、行事の意味は？運動会の意味は？と問い直す必要があるのではないかと思っています。

（初出　令和2年度　インクルーシブ研修だより　第6号「活動の意味を問い直す」2020.5.7）

7　活動の意味を問い直す（その2）

　前回、運動会について考えたことを話題にしました。

　「こんなときだからこそ、行事の意味は？運動会の意味は？と問い直す必要があるのではないかと思っています」と書きました。今回はその2として「運動会の意味」について考えたいと思います。

①学習指導要領上の位置付け

　先生方にとっては釈迦に説法で恐縮ですが、学習指導要領で「運動会」はどうなっているのか、まず確認したいと思います。運動会は、第6章の「特別活動」、その中の「学校行事」にあたります。

　学校行事は、①儀式的行事（入学式や卒業式）、②文化的行事（学芸会や展覧会）、③健康安全・体育的行事、④遠足・集団宿泊的行事、⑤勤労生産・奉仕的行事の5つがあり、運動会はもちろん③の健康安全・体育的行事になります。そこには「**心身の健全な発達や健康の保持増進、事件や事故、災害等から身を守る安全な行動や規律ある集団行動の体得、運動に親しむ態度の育成、責任感や連帯感の涵養、体力の向上などに資するようにすること**」（187頁）と記されています。

　健康安全・体育的行事とは具体的になにか、『小学校学習指導要領解説特別活動編』には次のように書かれています。

　健康安全・体育的行事には、健康診断や給食に関する意識を高めるなどの健康に関する行事、避難訓練や交通安全、防犯等の安全に関する行事、運動会や球技大会等の体育的な行事などが考えられる。（123頁）

　ここで「運動会」という言葉が出てきます。

　さらに、学習指導要領解説特別活動編の「実施上の留意点」には、以下のような記述があります。

ウ　運動会などについては、実施に至るまでの指導の過程を大切にするとともに、体育科の学習内容と関連を図るなど時間の配当にも留意することが大切である。また、活発な身体活動を伴う行事の実施に当たっては、児童の健康や安全には特に留意し、日常の学校や家庭における健康管理、教師間の協力体制を万全にし、事故防止に努める必要がある。

エ　運動会においては、学校の特色や伝統を生かすことも大切である。ただし、児童以外の参加種目を設ける場合は、運動会の教育的意義を損なわない範囲にとどめるよう配慮する。また、児童会活動やクラブ活動などの組織を生かした運営を考慮し、児童自身のものとして実施することが大切である。その場合、児童に過度の負担を与えたり、過大な責任を負わせたりすることのないように配慮する。(124頁)

「事故防止に努める」「過度の負担を与えたり、過大な責任を負わせたりすることのないように配慮する」と書かれていて、これは前回に触れた「組体操の危険性」が話題になった結果、こうした文言になってきたということは言えるでしょう。

②学校の特色や伝統を生かす

桃一小は、児童数が多いので、4色対抗になっています。準備体操は「桃一体操」です。そうした特色があります。一方、私が以前在籍した杉四小は児童数が260人程度の小規模校で、単学級の時代もあり、集団競技の中に保護者の参加というのがありました。たとえば玉入れならば、1回戦は保護者、2回戦、3回戦は児童、というような感じです。ダンス等も2学年合同でやってきました。また全校で踊る「阿波おどり」が種目の中にありました。

いくつかの学校を経験された先生なら、学校によって様々な運動会があるということはおわかりになると思います。しかしながら、「かけっこ（徒競走）」「集団演技」「集団競技」はどんな学校でもやっているかなと思います。また、運動会には、地域色もあれば、卒業生たちの思い、ということもあります。

③歴史的には

明治7年（1874年）東京築地の海軍兵学校で開催された「競闘遊戯会」というのが日本最初の運動会と言われているそうです。「運動会」という名称は1885年に東京大学で行われたそうです。ですから、今の保護者も、保護者の親世代も、さらにその上の世代くらいまでは、「運動会」を経験し、「運動会」の思い出などを大なり小なり持っているといえるでしょう。

④まとめにはなりませんが…

学習指導要領的には、今のコロナの状況では実施そのものが難しい、ということは言えるでしょう。他方、地域や保護者、卒業生のそれぞれの思いがあるので、あっさりと「なしにします」とも言えない、というところでしょうか。まあ、一番辛いなと思うのは当事者の子どもたちです。「運動会がない」ということに対して「ない方がいい」と言う子もいるでしょうが、「残念」と言う子もまたいると思うので…。

（初出　令和2年度　インクルーシブ研修だより　第7号「活動の意味を問い直す（その2）」2020.5.11）

8　子どもがわかっていく

前号で、「授業によって子どもがわかっていく、かしこくなっていく、ということが見られたときに、その授業は『よい授業』だということができるのではないか」と書きました。

それでは、みなさんは子どもが「わかる」瞬間に立ち会ったことがあるでしょうか。

私には、とても印象に残っている授業の一場面があります。

①知的障害学級の算数の授業から

特別支援学級で授業をしているときに、繰り上がりの足し算を、ストーリーを作って物語にしながら、タイル等の教具を揃えて、手元で操作できるようにして、学習していきました。

10の位の部屋と1の位の部屋にタイルを置いていって、タイルが5個になると変身して5タイルに、5タイルと5タイルが集まると10タイルになり、10の位の部屋にお引越しする、これを自分の座席で実際に操作しながら学習していきました。最初のうちは、指示に従って「これでいいのかなあ〜」という感じで操作していましたが、あるときにその子がはっとしたように「ああー」と言いました。頭の中の回路がつながった、という感じだったんだと思います。「10タイルができたら、10の位にお引越し」という、繰り上がりの構造が理解できた、それを確信としてもつことができた、そんな風景でした。まさに、子どもが「わかる」瞬間に立ち会うことができた、という実感をこちらももてた出来事でした。そのあとは、与えられた問題もスイスイ、という感じで回答していました。

②子どもの「わかりかた」

通常学級の授業を見ていると、先生の説明を聞いて、子どもたちは「なるほど」と理解して学習を進めているというのが一般的かと思います。しかしながら、そういう（「なるほど」と）理解をしている子も当然いますが、一方で「まったくわからない」と言う子もいたりします。先生の説明が悪いのか、先生の説明はわかるけれども理解に至らないのか、個々の児童によって「わかりかた」は様々だ、とまず押さえる必要があると思っています。

「わかる」ということは、①ぼんやりとわかる、②なんとなくわかる、③ある程度わかる、④わかる、⑤しっかりわかる、⑥確固たる（定着をしている）わかる、というような段階があるのだと思います。そして、ここからはその子の性格もあるのですが、①ぼんやりとわかる、②なんとなくわかる、のレベルでも「わかった！」と言っているケースがあるだろうと思います。学年が上がるにつれて学習ができなくなってくる子のケースについては、①や②のレベルでいたために、学年が上がっての学習についていけなくなることがほとんどではないかと思います。よく例に出すのが九九です。2年生のときに定着をしていないと、上の学年で2けたのかけ算をやるときにミス連発ということになります（7×4＝21とか7×3＝28とか、間違って理解している子もいましたね）。

また、「わかる」のに時間がかかる子がいます。ここも個人差がありますね。「じわじわとわかっていく」ということもあることを指導者側は押さえておくべきかなと思います。

③ラーニングピラミッド

アクティブ・ラーニングの説明をするときに、このラーニングピラミッドが紹介されることがあります。ただ一方的に講義を聴くだけでは、学習定着率は5％しかない、読書で10％、視聴覚を使って20％、デモンストレーションに参加して30％、グループ討論50％、自ら体験する75％、他の人に教える90％、この後半部分がいわゆる「アクティブ・ラーニング」と呼ばれるものだ、という説明です。前半部分が受け身的な学びという説明ですから、「主体的」ということばも出てくるのでしょうね。

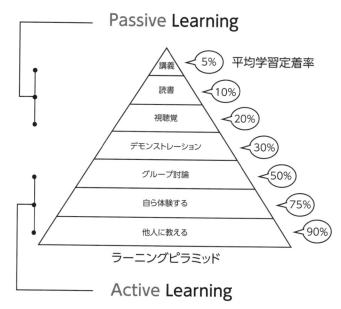

出典：一流の勉強ホームページ「ラーニングピラミッドからわかる、記憶の定着率を伸ばす勉強法」（2018年2月6日）
（https://progress-study.co.jp/media/learning-pyramid/）

つまり、子どもの学習定着率をあげるためにも「主体的・対話的で深い学び」をしていくことが必要、ということになるのでしょう。

指導者は、子どもが「わかった！」というときに、どのレベルで「わかった！」と言っているのか、を考えなければならないと思っています。少なくともそうした意識はしておきたいですね。

（初出　令和2年度　インクルーシブ研修だより　第65号「子どもがわかっていく」2021.2.8）

9　やりたい自分とやれない自分

幼児期の子どもは、なんでも「やりたい、やりたい」という時期があります。大人がやるのを見て、あるいはお兄さんお姉さんがやるのを見て、「自分もやってみたい」と思い、とにかくやってみようとします。結果、うまくいかないという挫折経験をする場合もあるし、考えて工夫してトライする場合もあるし、できるかどうかは別として「やっている自分」を周りにアピールする（「見て、見て」）場合もあるだろうと思います。

そして、最近は小学校に入学してきても、こうした幼児性のようなものはけっこう残っている、というケースも多いように思います。発達障害系の子も、この傾向が顕著だったりするケースが多いような気がします。

①やりたいことを止められるとキレる

学校の中で「やりたいこと」をやりたい、と思っても「それは休み時間にしようね」とか「今は授業だからね」とか「やるべきことをやってください」とかいうことは当然ながらありますよね。で、「わがままなことをするんじゃない」とか「あなた一人が勝手なことをしたら困るんです」とかとい

う状況になるわけです。

本人の側に立って考えてみましょう。幼児期の「やりたい」モードを思い浮かべてください。先生（場合によってはまわりの友達）の注意（「それをしちゃいけないんだよ」とか）は、「やりたい自分を阻止されている！」という感じで反応しているように思います。で、「なんでだよ」とキレる、という構造になっていることが多々あるような気がします。

もちろん指導者からすれば、「（もう小学生なんだから）こうしないとダメでしょう」という目線があるのもわかるのですが、その子の発達段階、つまりまだ精神的に、幼児期にいるような子どもの場合、それは「阻止されている」→「敵だ！」的に受け取って過剰反応しているという見方もできるのではないでしょうか。後で振り返ってみると、「あの一言でキレちゃったよね」ということが、けっこうありませんか？

②やりたいことをやれない自分

今のケースは、主として外部からの刺激（注意）によって「やりたいことをやれない」という状況がつくられるわけですが、一方で、自分がイメージしている「完成形」に到達できない、という本人の能力的な問題による「やれない」というケースもあるわけです。

工作やモノづくりの場面をイメージしてみるとわかりやすいと思うのですが、たとえば車をつくりたい、完成している車のイメージはある。ところが車のタイヤの部分がうまく作れない。結果、自分のイメージする車が「つくれない」となって、キレる。

テストがうまくできないからびりびりに破いてしまう、字がきれいに書けないから、わざとぐちゃぐちゃに書きなぐってしまう、というケースも、「やれない自分」が見えていて、それが許せなくて、ということの結果になっている感じがしています。

また、知的障害の子が通常の学級で学習していて、「まわりの子はわかっているのに自分だけわかっていない」ということに気が付いてしまう、というケースもあります。これも「できない自分」がわかってしまった、「やりたい（できたい）自分」がいるのに「できない自分」が存在している、という状況だと思います。

③成功体験をどう積み上げていけるのか

クラスの子どもたち全員が「認められたい」「気にかけてほしい」「がんばっている自分を見せたい」などという、いわゆる「承認欲求」をもっています。「まわりの友達がほめてくれた」「先生がほめてくれた」「テストでいい点がとれて気持ちがいい」「逆上がりができるようになってうれしい」といったことが、「『承認欲求』が満たされた状態」であり、これが成功体験です。学校の中で、こうした成功体験をどれだけ積み上げていけるのか、ということがインクルーシブ教育においてもポイントのような気がしています。

一方で失敗体験が積み重なると、「やれない自分」→キレる、あきらめる、やる気が落ちる、という悪循環をもたらすことになります。そして、「やれない自分」のモヤモヤした気持ちが、「やれていない（できていない）他人」に向かうことが往々にしてあるのではないでしょうか。「なんだ、そんなこともわからないのかよ」「なにやってんだよ」「なに間違えてんだよ」などと友達に言って

いるときに、その子自身の「やりたい自分とやれない自分」のゲージはどのへんにあるのだろうと考えてしまいます。

　かなり乱暴な言い方をしますが、成功体験を積み重ねている子どもが多い学級はおだやかで落ち着いていて、失敗体験を積み重ねている子どもが多い学級はトゲトゲしていて落ち着かない、という傾向はあるのではないか、と思っています（そう簡単に説明できないこともあるでしょうが）。

　「成功体験が積みあがる学級」は担任一人だけではなかなか実現できないケースもあるし、一方で担任の学級経営によって実現できるというケースもあります。「いつも先生が怒るから、先生の顔色をみて過ごしている」とか「先生はなんでもダメダメ言って、自由にやらせてくれない」とか「先生はいつも注意している」という子どものイメージがついているようなときに、なかなか成功体験を積み上げていくことは難しいのではないでしょうか。

　「先生は怒るときもあるけど、ニコニコしているときも多い」とか「先生は自分たちの言い分もちゃんと聞いてくれる」とか「たくさんほめてくれる」という子どものイメージがある方が「成功体験を積み上げていける学級」により近い気がしませんか？そうすると、担任が意図して「笑顔でいる」という、一見ささいなことでも「成功体験を積み上げられる学級」につながるような気がしています。

（初出　令和2年度　インクルーシブ研修だより　第77号「やりたい自分とやれない自分」2021.3.17）

10　子どもが思っているイメージ

分数のたし算とひき算

こう茶 $\frac{4}{5}$ L と牛にゅう $\frac{3}{5}$ L を
まぜてミルクティーを作りました。
ミルクティーは何 L でしょうか。

　上の文章は、4年の算数の教科書にある問題です。4年の先生の研究授業の単元だったところですね。

　研究協議会でも話したことですが、上の作業を実際にやるとしたら、とても絵のようには作れないですよね？これは分数の文章題なんだから、そんなことにこだわっても仕方がないでしょ、と言われそうですが、この問題を聞いて、子どもたちはどうイメージするのだろう、というところから考えたいと思います。

①もし、「実際につくる」ということを想定したら

　まずは、「紅茶と牛乳を混ぜるとミルクティーになる」ということがわかっているのかどうか。ためしに、ネットで「ミルクティーの作り方」で検索してみると、

【材料】（ティーカップ2杯分）
　熱湯…300ml　茶葉…約4〜6g　牛乳…好みの分量（約30ml程度）
【道具】
　ティーポット、ティーカップ、ティーストレーナー、砂時計またはキッチンタイマー、ティーコジー
【作り方】
①ポットとカップを温めておく
　　ティーポットとカップに熱湯（分量外）を注ぎ、あらかじめ温めておく（温め用の熱湯は捨てる）。「使用する茶器をあらかじめ温めておくことで、ミルクティーの温度が下がるのを防ぎます。ちょっとしたひと手間ですが、美味しく仕上げるポイントです」
②くみたての水道水を沸かす
　　「日本の水道水は軟水で紅茶に最適。また、空気がたっぷりと含まれたくみたての水を使うことで、ティーポット内で茶葉がジャンピングし、味香りがしっかりと引き出されます」
③ティーポットに茶葉を入れ、熱湯を注ぐ
　　温めておいたティーポットに茶葉を入れ、②の熱湯300mlを注ぐ。ティーポットに蓋をし、ティーコジーをかぶせて3分ほど蒸らす。「茶葉はストレートティーをいれるときの倍量を目安に、濃い目がお好みなら更に増やしても良いでしょう。ティーコジーはポットの底もしっかり保温できるものがベストですが、ない場合はタオルなどで代用してください。時間を計りながらじっくりと蒸らしましょう」
④「常温」のミルクを加える
　　蒸らし終えたら、ティーポットの中をスプーンで軽くかき混ぜる。ティーストレーナーでこしながら、温めておいたカップに注ぐ。「茶葉にまとわりついている液体においしさが凝縮しています。ティーストレーナーでこす際は、最後の一滴まで残さずに注ぐのが美味しさを引き出すコツです」。最後に常温の牛乳を好みの量加える。

　ミルクティーは紅茶の華やかな香りがスッと鼻に抜け、コクがありながらもキレのある飲み口。グラニュー糖を少量加えると、ぐっと飲みごたえが出るのだとか。

　ぐっと現実味が出てきますよね。つまり、現実として「ミルクティーを作る」というイメージと、「紅茶5分の4Lと牛乳5分の3Lでミルクティーを作る」という問題文は果たして子どもの中でつながっているのか、と疑問に思いませんか？

②子どものイメージを明確にするには

　「紅茶5分の4Lと牛乳5分の3Lでミルクティーを作る」を実際にやるならば、ビーカーのようなものを持ってきて正確にいれないとできないですよね。そしてこれは、「紅茶800mlと牛乳600ml」あるいは「紅茶0.8Lと牛乳0.6L」と同じである、ということ、給食で飲んでいる牛乳が200mlなので、その牛乳パックの7個分、1400mlのミルクティーをつくる、といったようないわゆる「量感覚」がないとこの問題文の具体的なイメージにはならないと思います。逆の言い方をすれば、問題文を読んで、その具体的なイメージをもって学習しているわけではなく、「5分の4

＋5分の3」という要素のみを取り出して計算している子どもの方が多いのではないでしょうか。

③天動説と地動説

地球が中心になって太陽などが地球の周りをまわっているという「天動説」と地球が動いているという「地動説」。大人は「地動説」であると知っていますが、子どもは「太陽が動く」「月が動く」だから、地球の周りをみんな回っている、という「天動説」の実感の方が強いのではないでしょうか。つまり、**教える側の大人と教わる側の子どものイメージは、同じ内容・同じ現象を見ていても、もつイメージは「違う」ことがけっこうあるのではないか**、ということです。そのことを指導者側が意識していないと、「なんでわからないかな」という「子どものできなさ」ばかりに目が向いてしまうような気がしています。子どもがどんなイメージをもって学習しているのか、活動しているのか、意識していくことが「子どものわかる」につながると思うのですが、いかがでしょうか。

（初出　令和2年度　インクルーシブ研修だより　第78号「子どもが思っているイメージ」2021.3.19）

11　子どもと指導者との感覚のズレ

春先に行われた低学年の遠足、1年生と2年生が合同で行くので、お弁当を食べた後、学年やクラスを解体して、縦割りで班活動がありました。1年生が2人程度、2年生が2人程度で1グループ4～5人で班をつくりクイズラリーをしました。もちろん、班活動ですから「みんなまとまって歩くように、2年生は1年生のめんどうをよく見るように」という指導をした上での活動です。

様子を見ていたら、女の子が2人で歩いていて、「あれ？あとの人は？」と聞いたら、返ってきた答えが「だってこないんだもん」というものでした。

以前の感覚だと、「いやいや班で動かないといけないでしょ」という感じですが、あまりにも「そうだ、班で動かなきゃ」という感じがなかったので、少しびっくりした次第です。

このことについて、少し考えてみました。少なくともこの子は何の罪悪感もなく、悪びれるでもなく、「だってこないんだもん」と言っている訳です。集団で(この場合は4人で)動くということは「わかっている」のでしょう。しかし、「集団で動かないといけない」とは思っていないのかな、とも思います。見方を変えれば、「私はちゃんと歩いているのに、ついてこない他の人が悪い」という感じでしょうか。そこを自己中心的、と言ってしまえば簡単なのかもしれませんが、本人に「自己中心的」だという自覚はないでしょうね。そうすると、①班で動きましょう→わかりました、②何の意識もなく歩く、③「あとの人は？」と聞かれて「だってこないんだもん」(指摘されて初めて気付く？いや意識もない？) ということなんでしょう。ひと昔前だと、①班で動きましょう→わかりました（班で動かないといけない）→班で動くことを意識する→班で動くことができていたか意識する→班で動いてなくて注意されたらその注意を受け入れる。といったことが「当たり前の感覚として」あったように思うのです。しかし、今では「わかりました」→了解はしました。程度の感覚かなと思うのです。

この感覚の違い、というのを指導者側が理解し自覚できるかどうか、このあたりが鍵のような気がします。ベテランの指導者はどうしても、以前の感覚で「そうじゃなくてこうでしょ」と思うだ

ろうし、班で動いてなければ、班で動くことを求め注意するでしょう。しかし本人は「ルールを破っている」という意識はないわけですから、「なんで先生にそんなことを言われなくてはいけないんだ」→「あの先生はわかっていない」→「あの先生は嫌いだ」→「言うことをききたくない」というような感じになり、ますます対立が進んだりします。

だからといって、子どもの感覚を「それでよし」とすると集団活動自体が成り立たなくなり、おおげさに言えば、教育活動自体が危機に瀕します。ですから、「君がそう思うのはよくわかる（受容）、でもね、こうして欲しいんだ（ルールの確認と、それを守って欲しい、というこちらの思い）」的なアプローチが必要になるんだろうな、と思っています。

しかし、そこは本当にめんどくさい、という思いもあります。そこまで気をつかってやらないといけないの、と先生たちから批判も受けそうです。しかし、現実的には、そういうめんどくささを引き受け、根気よく丁寧にやっていくことが必要なのでしょう。

そんなことを考えると、本当に今の先生たちはよくやっている、とも思います。そうした子どもたちと指導者の「感覚のずれ」という問題抜きに、「最近の先生は頼りない」とか「昔の先生は威厳があった」とか「毅然とした指導が足りない」という意見はどうなのかなと個人的には思います。

少なくとも、子どもの発言や行動を分析し、そこにどんな思いがあるのか、見取っていく作業は必要でしょう。実は、このことは「児童・生徒理解」といって、昔から教師の必須の力として言われてきたことでもあります。そういう意味では、私たち教員は改めて「児童・生徒理解」をしっかりとやろう、ということなんだと思います。

指導者側に求められるのは、そうした子どもたちの発言や行動を、子どもたちのせいにするのではなく、分析的視点をもって見ていく、ということなんだと思います。「できなさを子どものせいにしない」とよく言ってきましたが、いまや学力だけでなく、そうした子どもたちの態度や行動にもそうした配慮が求められる、ということでしょう。

（初出　平成28年度　インクルーシブ研修だより　第4号「子どもと指導者の感覚のズレ」2016.5.23）

12　ある中学生の声から

先日、杉並区教育振興基本計画審議会を傍聴してきました。新たな教育ビジョンの策定に向けての審議会です。そこで区民等のアンケートの結果が資料として出ていたのですが、その中に中学生が書いた、次のような文が載っていました。

質問：学校で嫌なことや困っていることはありませんか。

先生がひどいです。威圧的に生徒を抑え込む、説教で授業が潰れる、教え方が下手で全くわからない、生徒に寄り添わない。アンケートはありますが改善されないので意味がない。貴重な中学校生活、このひどい状態が続くかと思うと悲しいです。どうにかして欲しいけど、諦めて耐えるしかないですか？授業はYouTubeで教え方の上手な先生の授業を聞いた方が理解できます。もっと生徒の気持ちや意見を聞いてもらえる機会が欲しいです。

なんか切ないというか、申し訳ないというか、そんな気持ちになりました。審議会の中でも「こういう声があがるのは、ある意味健全だ」という声や「こうやって意見表明できる子はまだいい。声を出せない子や、そもそも声を出す以前に流されている子などのことも考えないといけない」という話などがでました。個人的には「先生がひどいです」という一言が、ずしんときました。この生徒は「もし、あなたが校長先生だったら、どんな学校をつくりたいですか」の質問に、

> まずは生徒の気持ちを考える。無記名で意見を言える目安箱をトイレなどに設置する。(校長室前だと入れているのがバレるため)。先生の質を上げるよう努力する。時代に合った「個」を大切にする指導をするよう先生達に徹底する。

とも書いていて、中学生ながら、課題に向き合い、自分なりの解答を書いているなと感心しました。**「先生の質を上げるよう努力する」**ということ、私たち教員自身が、自分の質を上げる努力をしているか、改めて考えさせられます。

①先生の質を上げるとは?

先生の質とはなんでしょうか?これまでも書いてきた、「子どもの様子をしっかりと看取る」「子どもの話をよく聞く」あるいは、「服装、身だしなみ、言葉遣い」も大事ですが、やはり根本は「授業力」だろうと思います。杉並区の教育長は、「魅力ある学校とは、よい授業が展開される学校である。よい授業というのは時代が変わっても大きく変わるものではない」と言っておられます。「いい学校」とは「よい授業」が展開されること、したがって先生の質を上げるとは、先生の授業力を上げることに他ならないこと、と言えるのではないでしょうか。

②よい授業とは?

これも、議論をすれば、いろいろと出てきそうです。

斎藤喜博(1911-1981 年)という教育界の先達がいます。この斎藤先生が一貫して追究してきたのは「授業」でした。斎藤先生は次のように書いています。「**教育は、授業とか行事とかのなかで、指揮者であり組織者であり、指導者である教師によって、それぞれの子どもの持っている可能性が、学級とか学校とかの集団のなかで引き出され拡大されていかなければならないもの**」(斎藤喜博、『授業』(国土社、現代教育 101 選、1990 年 (初版は 1963 年発行)、63 頁)。少なくとも、授業によって子どもがわかっていく、かしこくなっていく、ということが見られたときに、その授業は「よい授業」だということができるのではないか、と思っています。

③授業づくりの基本理念

私自身も、ずいぶん悩みながら授業をやってきました。そうした悩みの中で、次の5つを自分

> ①子どもがおもしろいと思う授業を－おもしろい授業・楽しい授業
> ②みんなでいっしょにやる授業を－一体感・共感のある授業
> ③課題が明確である授業を－ねらいがはっきりしている授業
> ④丁寧に言葉を添える授業を－概念化の手がかりとして「ことば」を大切にする授業
> ⑤満足感を得られる授業を－学習したという満足感が得られる授業。

自身の「授業づくりの基本理念」として意識してきました。

　私たち教員はプロです。プロだからこそ、「いい授業」ができるように日々鍛錬しなくてはいけないと思います。

　また、コメディアンの萩本欽一さんは、こんなことを言っていました。「アマチュアでも100点をとれることがある。でもコンスタントに90点以上をとるのがプロだ」と。

　私自身は、デパートのレストランのシェフにたとえたことがあります。専門店のようなレベル（萩本さんが言うところの100点のレベル）では料理は出せないかもしれないけれども、和洋中どんな料理でも一応それなりにおいしい料理を出すことができる、というのが、教員が求められていることではないか、と。これは全科、ということでどの教科も一通り教えることができる小学校の教員を念頭におきながら考えたものです。

（もちろんどんな料理でも専門店のようなレベルで出せるのなら、それに越したことはないとは思いますが、かなりハイレベルな話になってしまいますね。まあでも一つくらいは専門店レベルで出せるようにもしたいものです。）

（初出　令和2年度　インクルーシブ研修だより　第64号「ある中学生の声から」2021.1.29）

第**7**節　関　係

　教育において、教師と子どもの関係、子ども同士の関係、教室同士の関係等、関係性をどう構築していくのかは大切なポイントです。この節では「関係」に焦点を当てて、書いてきたものをまとめました。

1　「わがまま」「自分勝手」「マイルール」

　7月22日に杉並区教育研究会（杉教研）子供園部の特別支援教育部の夏季研修会に参加してきました。事例研究を行っているのですが、支援の必要な幼児の話を聞きながら、また改めてかかわりあうことが難しい子どもたちのことを考えました。

　たとえば、ドッジボールでボールが当たっても外野に出ない子がいます。当然周りからは「わがままだ」「自分勝手だ」と言われてしまうわけです。「ルールを守らないといけないでしょ」ということです。

　こういう人たちをわりとたくさん見てきましたが、その本人の思いを考えると、実は（本人的には）わがまま、自分勝手、ということではなく、「マイルールなんだなあ」と思うのです。

「インクルーシブ研修だより」No.6（2016.7.25）

さきのドッジボールの例で言えば、本人は「自分がボールに当たっても外野に出ない」という「マイルール」を守っている訳です。だから、「わがままだ」「自分勝手だ」「ルールを守りなさい」と言っても、本人的に「ルールは守っているし」ということになっているんじゃないかと。

　そう考えると、どうして注意が伝わらないのか、合点がいきます。本人は「ルールは守っている」と思っている訳ですから「ルールを守りなさい」という注意は当然「は？」ということになりますよね。

　問題なのはそのルールがみんなのルールではなく、「マイルール」だということです。したがって、対応的にはこんなことが考えられます。

　「きみは『自分がボールに当たっても外野に出ない』というルールを守っているんだね？」と聞いてみる。

　（「そんなことはありません」と言うならば、それは「ルールを破っている」という自覚があるということですから、普通にルールを守る指導をしていけばいいでしょう。）

　「そうです」と言う人に、「そうかあ、たしかにきみはそのルールを守っているね。でもみんなのルール（社会的ルール、ゲームのルール）は『ボールに当たったら外野に出る』がルールなんだよ。みんなが同じルールでやることでゲームは成立するんだよ」という説明をしていきます。

　ポイントは本人の思いの受容と「そうではなくてこう」という丁寧な説明（本人がわかるような説明）をするということだと思います。なんてめんどくさい、と思われる方もいるでしょうが、基本的にめんどくさいのです（と少なくとも私は思っています）。それにつきあえるかどうか、ということが、かかわりあいの第一歩だと感じています。

　また、指導者側も「なんてわがままなんだ」「なんて自分勝手なんだ」と思うより「なんてマイルールの子なんだ」と思う方がいいかなと思います。『わがまま、自分勝手』という言葉にはどうしてもマイナス要素がありますから、子どもに対して否定的になってしまいがちではないでしょうか。それに対して「マイルールの子」というのは「ちょっと気になる子」くらいのイメージになるような気がします。私だけの印象かもしれませんが。ただし、指導者側がその子を否定的に見ていくのと、そうでなく見ていくのでは、やはり結果は変わってきます。

　残念ながら否定的に見ていると、子どもの側がそれを察知して「どうせ僕が悪いんだと思っているんだろう」と態度を一層硬化させたりします。そうなりがちであることは指導者側は自覚していた方がよいでしょう。

　もちろん、いままで述べてきたことが絶対だとは思いません。そういうケースもあるでしょうし、そうでないケースもある。しかし、大切なのは「こんなことも考えられるかもしれない」「こんなふうにも考えられるかもしれない」と複眼的な思考をすることだと思っています。そういう意味で、指導者集団による事例検討は意義がある、ということを研修会でもお話ししてきました。

　夏休み、改めて一人一人の子どもを思い浮かべてみながら、どんな思考パターンで、どんなふうに考えて行動しているのか、を振り返ってみる機会にしませんか。そのことを考えるだけでも2学期の活動にものすごくプラスになると思います。

（初出　平成28年度　インクルーシブ研修だより　第6号「わがまま」「自分勝手」「マイルール」 2016.7.25）

2　ネガティブな思考の人とどう向き合うか

　新型コロナウイルスの感染拡大により分散登校が始まりました。まだまだ少しずつですが、授業も始まりました。大人も子どもも一つ一つの授業を大切にできたら、そう思います。さて、今回は「ネガティブな思考の人とどう向き合うか」としました。「ネガティブ」について考えてみたいと思います。

①ネガティブな考え方をする人

　ネガティブとは「否定的・消極的な様子」という意味です。反対語として「肯定的・積極的」という意味のポジティブがあります。

　私の教え子で、こんな子がいました。体育の授業で、チームでリレーをしていて、その子はアンカーだったのですが、自分がスタートする時点でかなりの差をつけられており、それを横目で見て瞬時に「あ、もう勝てない」と思ったんでしょうね。スタート、即ひっくり返って地団太を踏む、ということがありました。あまりにもあきらめが早いというか、「即」というか、間髪入れずという感じだったので、ものすごく印象に残っています。

　ネガティブな思考をするのは子どもだけでなく、大人もそういう人がいますね。保護者や先生の中にもそうしたネガティブな思考に走る人はいます。

　保護者の中にも「うちの子はあれもできない、これもできない」「気に障ることばかりしていやになる」とか訴えてくる人もいますよね。

②ネガティブな考え方とどう向き合うか

　ポジティブな思考をする人からすると「なんでそんな考え方になるのか、わからない」「なんでそうなるの?」と思うことが多いのではないでしょうか。私も以前はそうだったような気がします。今は、「そうだよね、ネガティブになっちゃうんだよね」と考えることにしています。そして、「なんで?」と問うより「そうなんだよねえ」という受け止め方をする方がうまくいくような気がします。

　ポイントは「え、なんで?」というコトバをぐっと飲みこむことです。「うん、うん、そうだよね」と言えるかどうか。だって、本人からしてみれば、なんだかよくわからないけど、そうなっちゃうんですから。

　よく、「そんなこと気にすることないよ」「大丈夫、大丈夫」「たいしたことないよ」と言葉をかけたりしますが、(まあ、たしかに、そういって慰められる人がいることも事実でしょうが) ネガティブな思考の人からすると、

　「そんなこと気にすることないよ」→そんなことを言われるとますます気になる。

　「大丈夫、大丈夫」→大丈夫じゃないからこう言われるんだな。

　「たいしたことないよ」→あー、やっぱりたいしたことをやっちゃったんだ。

と受け止めているのではないかと思うケースがあります。余計なコトバは挟まないほうがいい、ということもかなりあるような気がします。

③どう向き合うかですが

　さきほどのケースですが、地団太踏んだネガティブ少年はとにかくひたすら「ほめる」というこ

とをやってみました。周りの子が3なら10くらいほめる。ネガティブな思考の人は2、3回ほめたところで変わりません。これでもかというくらい「ほめる」ことが必要かなと思っています。その子の場合、自分ができた、やったという達成感があるところでタイミングよく先生にほめられると、「ほめられる」という行為が、自分の有用感につながった、と感じました（あくまで私見でしかありませんが）。それでもネガティブ思考から抜け出すのに3年はかかったと思います。

　また、ネガティブ保護者には「そうだよねえ」と受け止めつつ、「でもお子さんはこんないいところがあるよ」「こんなところがんばっているよ」「気に障ることをやってくるのはお母さんにかまってもらいたいからじゃない」と肯定的な話をします。大事なのは、その話が事実であること。なかなかそういう行動や態度が見られず、保護者と「う～ん、そうだよねえ」というところで停滞するケースも多々ありましたが。

④まずはネガティブ自体を肯定的にみてみよう

　ネガティブな思考をすること＝マイナス、とは限りません。ネガティブな思考の人は繊細で、気を回しすぎる、という人もいます。繊細さや気を回すこと自体は、決してマイナスではなく、むしろ人間関係という側面からすればプラスにもなります。指導者がそういう余裕というかゆとりを持ちながらつきあっていくことがいいのかな、と考えています。そして自身がネガティブ思考に陥ったら…「おれもがんばっているよね」「ぼくもまんざらでもないよね」ってつぶやいてみる、というのはどうでしょうか（よく言っているかもしれない…）。

（初出　令和2年度　インクルーシブ研修だより　第11号「ネガティブな思考の人とどう向き合うか」2020.6.2）

3　否定から入らない

　7月に入りました。今年度は1学期が延びて、どの学校も7月いっぱい1学期だと思います。これも初めてのことなので、どんな様子になるのか、未知な部分もありますね。

　さて、「インクルーシブ教育ってどうすればいいのですか？」という質問に極めてシンプルに答えるにはどうしたらよいか、ということを考えていたのですが、それは「否定から入らない」ということではないか、と最近思い当たりました。

①否定から入るとは？

　逆に「否定から入る」ということをまず考えてみましょう。

　よく「何やってんだ」とか「何してるの」という声かけをしていませんか。

　「何をしているのかな？」というニュアンスだと普通に「質問」という感じになりますが、「何やってんだ！」「何してるの！」と叫ぶと、これは「そんなことをしてはいけないだろう」という否定のニュアンスが入ってきます。

　実は教員の声かけの中に、こうした否定のニュアンスが入りがちな部分があります。そもそも、子どもの反応や活動に「イラっとする」「カチンとくる」「頭にくる」ということがあると、「何やってんだ！」となりませんか。よく「感情的になってはいけない」という指導があったりしますが、教員も人間ですから感情的になることもあるでしょう。そういうときに発する「何やってんだ！」という

コトバは、言外に「私は怒っているんだ」というメッセージを発してしまうことになります。

　子どもの側からすると「先生、怒ってる」と受け取る訳で、「怒ってる」→「やっちゃいけないことだったんだなとわかる」→「次からはちゃんとやろう」、となればいいのですが、いつもいつもそういい感じで推移するわけではありません。

　「怒ってる」→「なんで怒ってるのかな」（怒ってる理由がわからない）→「こわいな」とか「いやだな」→「先生きらいだ」…というような推移もあったりします。

　そう考えると、否定から入るのは、コミュニケーション的にはあまりお勧めできないなと思うわけです。

　「先生はそうしてくれっていいましたか?」「先生の言うことがきけないのですか」「先生の話を聞いてなかったでしょう」「それでいいと思ってるんですか」…書いていて、自分でも冷や汗が出るのですが、よくお説教のときに出てきそうなコトバです。これってけっこう否定的ニュアンスが入っていると思いませんか。

②否定から入らないようにするには

　杉並区立杉並第四小学校の公開報告会によく来ていただいた臨床発達心理士の石坂光敏先生は、子どもに話すときは、I（私）メッセージで伝える、ということをよく言っています。

　子どもに注意するときに「こんなことをしてはダメでしょう」というのではなく、「先生はこうして欲しかったなあ」とI（一人称）で話す、というものです。

　「してはいけません」がYou（あなた）に話すのに対して、

　「先生はしてほしくなかったんだよね」とI（私）を主語にするだけで、かなり印象は違うはずです。Iメッセージを意識するだけでも、話し方はずいぶん変わってくると思うのですが、いかがでしょうか。

③そうはいっても否定的なことを言ってしまう…という場合は

　わかっていても、いざ子どもを前に指導してると、なかなか難しいものです。子どもの反応や行動は未知数な部分も多く、こちらの想定外の反応が起こったりもします。とっさに「そうじゃなくてこうでしょう」とか「あー、ダメダメ、そうじゃない、そうじゃない」とか言ってしまうこともありがちだと思うのです。それはそれで仕方がない部分もあるなと思いますが、一日トータルで、否定と肯定のバランスがとれているか、できれば否定よりも肯定の方が多い、というのがいいでしょう。それは、その方が子どもたちの印象がいいからです。

　子どもたちは最初に否定的なことを言われ続けると「この先生は怖い」「この先生は嫌いだ」となりがちです。そしてその印象はなかなか簡単には消えません。そんな先生に「なんでも相談にきていいよ」と言われても正直行かれないな、と子どもたちは思うでしょうね。

　逆に最初に肯定的なことを話していると「この先生はやさしい」「この先生は話を聞いてくれる」という印象が子どもの中にできてきます。そうした関係性ができてくると、意外に子どもたちはその先生の言うことなら否定的なものの言い方をしても受け入れたりするわけです。大事なのは先生と子どもとの間にどういう関係性（特に子どもが先生にどんな印象をもって接しているか）ができ

ているのか、ということです。

　関係性のできていない先生が、関係性のできている先生の叱り方を真似て叱ったりすると、大失敗する、というケースがあります。「否定から入らない」ということを意識することがインクルーシブ教育のスタートであり、大事なポイントではないか、と思っています。

（初出　令和2年度　インクルーシブ研修だより　第19号「否定から入らない」2020.7.7）

4　受け止める・受け入れる

　人とのコミュニケーションを考えたときに、「否定から入らない」ことを、前号で書かせていただきました。今回は、人と会話するときに、どのように「受け止める」のか、どう「受け入れる」のか、ということについて整理したいと思います。

①「受け止める」こと

　「否定から入らない」ということは、とりあえず相手の話を「受け止める」ということです。大事なのは、「受け止める」ということは「了解したわけではない」ということが言外にあるということです。

　たとえば保護者とのこんなやりとりです。

　「担任の先生には不信感がいっぱいです。担任をかえてください。」

　「なるほど、お母さんがそう思っているのはよくわかりました。」

　最初に、「そうは言っても担任はかえられないんですよ」で返してしまうと、一気にヒートアップしてしまったりします。ですから、まずは「受け止める」こと、これは大切です。

　時々、「受け止める」ことは相手を認めてしまうことだ、と断固、否定をしていく人も見受けられますが、先ほど言った通り、「受け止める」ことはそのことを「了解したわけではない」ということなので、まずは「受け止める」ようにした方がいいと思うのです。

　ただし、相手が「受け止める」＝「了解した」と思ってしまうケースもありますから、こんなやりとりが必要になることもあります。

　「先生は、担任をかえてくれるとおっしゃったじゃありませんか」

　「お母さんが、『担任をかえてほしい』という思いなのはよくわかりました。でも、『担任をかえる』とは言っていないですよ。お母さんの思いは学校として十分受け止めましたが、『担任をかえる』ことが本当に解決になるのか、もう少し一緒に考えませんか」

②「受け入れる」こと

　さて、「受け止める」ことは、了解したわけではない、つまり相手の意見に同調したわけではない、ということです。それでは、「了解する」ということはどういうことか、それは「受け入れる」ということでしょう。

　先生の中にも、アドバイスや助言を「受け止める」ことはできても「受け入れる」ことができない人は案外たくさんいます。自分のプライドが邪魔になったり、そもそも他人からいろいろ言われることが好きではなかったり、と理由は様々ですが、さきほどの保護者と教師のやりとりのように、

「先生がそう思っているのはわかりました」で、頑として自分のやり方を変えない、という人はいますよね。そのことを一概に否定はしません。でも、みすみす自分自身の成長を自分で止めてしまっている、という感じがしています。指導者として、自身の成長を進めるためにも「受け入れる」幅が欲しいなと感じています。

③「受け入れる」の度合いを調整しながら

　昔、自閉症児の教育で「全面受容する」という考え方がありました。そうした考えで進めている施設は、子どもがおもちゃで遊んでいて、それに飽きて次のおもちゃに向かうときに、放り出したおもちゃの「片付け係」のような人がいました。「おもちゃを片付けなさい」と言わなくていいようにということでしょうが、やはりそこには違和感を感じました。

　子どもの思いを「受け入れる」度合いはケースバイケースだと思います。「全面受容をした方がいい」子もいないわけではありませんが、「片付けなさい」と言って伝わる子もいる。「この線は譲れないよ」ということが、それぞれの子についてあると思います。大切なのは、「この子の思いはどの程度まで『受け入れる』か？」という度合いの調整をする、ということだと思います。また、本人の機嫌や体調、極端な場合は、当日の天気（ジメジメしている時にはキレやすい、という子がいました）などにも左右されます。そうしたことを加味しながら、ほどよい度合いに調整する、このことが大切だと感じています。

　（余談ですが、午前11時半頃になるとしくしく泣きだす、声を上げて泣く、という子がいました。まだ話し言葉がない自閉症の男の子でした。何が原因で泣くのか、そこには理由があるに違いないといろいろ観察をしてみたのですが、他の子からちょっかいを出されているわけでもない、その前後に外部から騒音や刺激が入っているわけでもない、となり、結論的には「おなかがすいているんだろう」ということになりました。遠足で11時30分にお弁当を食べたときには泣かなかったということも、その根拠になりました。つまり「おなかがすいた」という「生理的欲求」のレベルで本人は反応していたわけです。そうすると「なんで泣いているのか？」という声かけではなく、「そうかそうかおなかがすいちゃったか」という声かけに自然に移行していきました。振り返ってみると「おなかがすいたこと」を「受け入れる」ことによって、本人との関係が改善されたように思います）。

（初出　令和2年度　インクルーシブ研修だより　第20号「受け止める・受け入れる」2020.7.14）

5　二者択一の考え方ではなく

　2学期が始まりました。コロナの感染者は拡大傾向で、今後もどうなるかわかりません。パラリンピックの観戦が話題になり、「行く」「行かない」という反対、賛成が飛び交っていましたが、ここをどう考えていくのがいいのか、この間、私もいろいろと考えさせられました（ちなみに土日のパラ観戦は無事に終わったようです）。

①パラリンピック観戦で考えたこと

　「これだけコロナが拡大しているのにパラリンピック観戦などとんでもない」…これはこれで説

得力があります。「一生に一度あるかないかのことだから、希望者にはぜひ見せたい」…これもわからないではありません。今回、行くか行かないかは本人の意思確認をして、進めているわけですから「学徒動員」ではないだろうと思いますが、クラスのほとんどの子が行くとなれば同調圧力で「行かないといけない」となる可能性もありますし、逆に、観戦してきて感染リスクの高い子たちと一緒に勉強できない、といって学校を休む、という思いもわかるような気がします。個人的には正直、これほどの数の観戦希望者が出てくるとは予想ができませんでしたが…。実際に対応にあたった教育委員会や現場の先生方には、お疲れさまでした、と心から思います。

②「赤か白か」という二者択一の考え方

パラリンピックに限らず、日本という国は「二者択一」を迫る、というのが得意な（？）国なのかもしれません。歴史的に見ても、「南朝か北朝か」「西軍か東軍か」「倒幕か幕府存続か」などなど。

会社などでも「社長につくのか、会長につくのか、どっちの派閥につくのか、身の振り方をはっきりさせなさい」ということもあったりします。しかし、この「二者択一の考え方」はそのどちらかについたときに、そうでない方は「否定されるべきもの」「敵対すべきもの」にどうしてもなってしまいます。

「二者択一の考え方ではなく」と書いたのは、ここにあります。分断・排除の論理になってしまっては、インクルーシブなど望むべくもありません。パラリンピックの観戦で言えば、「行く、行きたい」という思いも尊重する、しかし「行かない」という思いも尊重するということなのかな、と思います。「そんなの矛盾だ」とも言われそうですが、多様な考え方を、（たとえ意見が180度違っていたとしても）まずは受け入れ、尊重してみよう、ということがまずは大切ではないかと。そして多数決ではなく、議論を繰り返す中で、納得や落としどころを探っていく、ということではないでしょうか。

③「みんなで気持ちをひとつにして」が好きな国、日本

改めて見回してみると日本という国は、「みんなで気持ちをひとつにして」とか「足並みを揃えて」とか「統一して同じように」というのが好きな国ですよね。「絆」とか「団結」とか「協力」とか「共同」とか…。「一丸となって事に当たる」というような言い方も、わりと多く出てきますよね。そのことを全否定はしませんが、「二者択一」の論理と「みんなで気持ちをひとつにして」が合体すると、強く「どうして君はやらないんだ」となりがちではないか、と思います。

よくある、昼食の風景でみんなで声を揃えて「いただきます」とやるシーン。これを外国人が見ると「ドン引き」するという話です。「軍隊だ！」とも言われるそうです。外国では、あまり「同じ行動をみんなで一緒に」ということが教育現場で強調されていないということもあるかもしれません（だから、食事は準備ができた人からバラバラに食べたらいい、ということでもないような気がしますが）。

運動会でよく「みんなでそろえて！」「あわせて！」という指導をしますが、これからはこういう部分もあまり強調しない方がいいんだろうな、と思います。極端な話、こういう風土が、「なんでパラリンピックに行くんだ！」「なんでパラリンピックに行かないんだ！」ということにつながっていく、

と私は感じるのですが、皆さんはどう考えますかね。

④何を大事にするのか

　結局、「二者択一」の論理に陥らないようにするには、「何を大事にするのか」ということがブレない、ということが一番大事なのかと思います。「一人一人の思い」を一番大切にするならば、意見の違いは意見の違いとして、どうしてそう思ったのか、考えたのか、説明する、話し合う、という方向になるのではないか、と思います。それはしんどい作業とも言えますし、「だれか偉い人が決めてくれたらそれに従います」という方がある意味ラクだから、そっちに流れることも多いのかもしれません。

　「多様性を認める」というのはそういうめんどくさいことを引き受ける、「しんどい」作業なんだ、と受け止めていくことが大事なのかな、と最近思っています。

（初出　令和3年度　インクルーシブ研修だより　第25号「二者択一の考え方ではなく」2021.8.30）

6　「こちらの考えを人に伝えることの難しさ」

　新学期になって1週間が過ぎました。改めて「こちらの考えを人に伝えることの難しさ」を感じています。「こちらがどう伝えたか」ということより「相手がどう受け取ったか」ということが大事だとわかってはいますが、「あ、そう受け取っているのね」とびっくりするようなことも多々あるなあ、と感じています。

①プレゼント買ってあげるよ

　以前にも、この事例は紹介したと思いますが、ある自閉症スペクトラムの子が、お母さんに「クリスマスになったら、プレゼント買ってあげるよ」と言われて、「プレゼント買ってあげるよ」と受け取って、その日から「プレゼント、プレゼント」と毎日いってきた、というケースがありました。

　「クリスマスになったら」→ここがインプットされてない

　「プレゼント買ってあげるよ」→ここはインプットされている

　本人からすると、前半インプットされていないわけですから、「お母さんはプレゼント買ってあげるよ」と言った、となっているわけですよね。お母さんからすれば「クリスマスになったら」って言ったでしょう、と言いたいところですが、そこがインプットされないことで、対立構造が生まれたりしてしまうわけです。

②「自主的に宿題をしなさい」

　ある先生と話しているときに、『宿題をしなさい、と言ったのにしなかった。よく考えたら、「自主的に」という言葉がわからなかったのかもしれない』という話題になりました。「あ、そうかも」と思いました。

　「自主的に宿題をしなさい」（→先生の側は「宿題をやりなさい」という意図で言っている）

　「○○○に宿題をしなさい」（→子どもの側は「宿題をしなさい」とは言われなかったと思っている）

　そういうことなんじゃないかと。結局、その子にはシンプルに「宿題をやりなさい」というべきだったのかなという話になりました。

私もよく使うのですが「あなたは、どうしたいの?」という問いも、相手によっては「追い込まれている」と感じることがあるようで、「どうして、そうやって責めてくるんですか?」という返答になり、こちらはそうした意図は全くないので、「いや、別に責めているわけじゃないんだけど、どうしたいのか聞いているだけなんだけど」と言っても、どうもそのあと話がかみ合わない、ということがあります。

③実は「話し言葉」以外に様々な要因がある

　「机上整理をしなさい」って「机上整理ができていない人」から言われたら、「キミに言われたくない」とカチンときたりしますよね。言葉としては、単に「机上整理をしなさい」ということなんですが、その人の立場や態度、考え方などが受け取り手の内容を理解する要因として入ってきます。なかなか難しいですね。

　自分の思いを話したときに、相手に「あ、もういいです」と言われたときに、どう感じますか。

　「あ、もういいです」(→相手を怒らせた?これって否定?自分は何か間違ったことを言ってしまった?え?どうしたらいいの?)と、感じたりしませんか?

　でも「お茶もう一杯いかがですか?」「あ、もういいです」という「あ、もういいです」は、「もうけっこうです」というニュアンスで、言われた方も、「自分を否定された」とは感じないですよね。

　問題は、様々な要因をどれくらい受け取っているのかは、個人差があるということです。「あ、もういいです」も、笑顔で言っているのと、仏頂面で言っているのとでは受け取り方が違いますよね。声の大きさや勢い、首を振られるなどのジェスチャーなどの様々な要因をどう受け取るのか。さきほどの「お茶もう一杯ですか?」も強い言い方で「**もういいです!**」と言われると、「ものすごく拒絶された」感じになりますよね。

　アスペルガーの人は、意外に、こうした様々な要因はインプットしてないところがあります。

　ある先生が怒って「おまえは、なんなんだ!!」と言ったら、本人は「人間です」と冷静に返事が返ってきた、という話があります。その子はその先生が「怒っている」という要因を外して、「おまえはなんなんだ?」という質問に答えて「人間です」と回答したんでしょうね。それにしてもコミュニケーションは難しい、日々考えることが多いですね。

(初出　令和3年度　インクルーシブ研修だより　第27号「こちらの考えを人に伝えることの難しさ」2021.9.6)

【注】
　この「インクルーシブ研修だより」は、「引用」という形なら掲載して構わないと教育委員会にご許可を受けましたので、そのような位置付けであることをご理解いただければと思います。
　今回、書籍化するにあたり、差しさわりのない範囲で追記したり、加筆したりしている部分もあることを追記しておきます。

【文献】

「たより」に引用した書籍

・木村泰子『「ふつうの子」なんて、どこにもいない』家の光協会、2019

・汐見稔幸『教えから学びへ』河出新書、2021

・田中紀子「カリキュラムと差異」湯浅恭正・新井英靖・吉田茂孝編著『よくわかるインクルーシブ教育』ミネルヴァ書房、2019

・NHKスペシャル取材班著『発達障害を生きる』集英社、2018

・川上康則「インクルーシブ教育時代の子ども理解シーズン2」『月刊 実践障害児教育』2019年9月号

・池上彰『社会に出るあなたに伝えたい　なぜ、読解力が必要なのか?』（講談社a新書、2020

・三好真史『どの子も好きになる!楽しみながら話せる!英語あそび101』学陽書房、2020

・滝川一廣『子どものための精神医学』医学書院、2017

・新井邦二郎編著『図でわかる発達心理学』福村出版、1997

・『新明解国語辞典　第四版』三省堂、1991

・『広辞苑　第七版』岩波書店、2018

・斎藤喜博『授業』国土社、1990（初版発行は1963年）

・佐藤暁「保育・教育現場で困り感を抱く子どもに寄り添う手立て3000」学研『実践障害児教育』2019年11月号

・内田良『学校ハラスメント』朝日新書、2019

これまで発表したもので関連するもの

・新井英靖・高橋浩平『特別支援教育の実践力をアップする技とコツ68』黎明書房、2008

・高橋浩平「算数「頭を使う学習」を保障する―子どもたちにとって『楽しい、おもしろい』教科とするために―」篠原吉徳編著 SNE研究会著『「学ぶ楽しさ」と「支え合う風土」のある学校づくり』明治図書、2010

・高橋浩平「特別支援学級から見たインクルーシブ教育」特別支援教育実践研究学会編『特別支援教育実践研究』創刊号、2021

第 3 章

私たちの進める
インクルーシブ教育

この章は、井荻中、四宮小、桃一小の「三校合同インクルーシブプロジェクト」において、2021（令和3）年5月に筆者が行った研修会（「インクルーシブ教育について」）をまとめたものです。

1　インクルーシブ教育とは

インクルーシブの意味を和訳すると
　　・インクルーシブ＝包摂する、包み込む
インクルーシブの反対語がエクスクルーシブですから
　　・エクスクルーシブ＝排除する、除く
したがって、インクルーシブ教育をきわめてシンプルに言うと、
「インクルーシブ教育」＝排除しない教育
という説明になります。

2　インクルーシブ教育を考えるにあたって

①「障害者の権利に関する条約」（「障害者権利条約」）

「障害者の権利に関する条約」では、その「第24条　教育」に以下のように書かれています。
　　第24条　「障害者が障害を理由として教育制度一般から排除されないこと及び障害のある児童が障害を理由として無償のかつ義務的な初等教育から又は中等教育から**排除されないこと**」（太字、筆者、以下同様）

このことを根拠にして、障害があっても通常の学級で教育を行っていくことが「インクルーシブ教育」であると主張される方もいます。

②「共生社会の形成に向けたインクルーシブ教育システム構築のための特別支援教育の推進（報告）」（2012（平成24）年　文部科学省）

「障害者の権利に関する条約」を批准するにあたって、現行教育制度との整合性が求められました。そこで国が示したのが「共生社会の形成に向けたインクルーシブ教育システム構築のための特別支援教育の推進（報告）」です。ここには、以下のように書かれています。

・**インクルーシブ教育システム**においては、同じ場で共に学ぶことを追求するとともに、個別の教育的ニーズのある幼児児童生徒に対して、自立と社会参加を見据えて、その時点で教育的ニーズに最も的確に応える指導を提供できる、多様で柔軟な仕組みを整備することが重要である。

・小・中学校における通常の学級、通級による指導、特別支援学級、特別支援学校といった、連続性のある**「多様な学びの場」**を用意しておくことが必要である。

・基本的な方向性としては、**障害のある子どもと障害のない子どもが、できるだけ同じ場で共に学ぶことを目指すべきである**。その場合には、それぞれの子どもが、授業内容が分かり

学習活動に参加している実感・達成感を持ちながら、充実した時間を過ごしつつ、生きる力を身に付けていけるかどうか、これが最も本質的な視点であり、そのための環境整備が必要である。

「インクルーシブ教育」とは何か、ということは言及されていません。「インクルーシブ教育システム」という言い方で、そのシステムには「多様な学びの場」の一つとして、特別支援学級や特別支援学校も含まれる、という考え方です。それでも、「基本的な方向性」として、「**障害のある子どもと障害のない子どもが、できるだけ同じ場で共に学ぶことを目指すべき**」としたのは、それまでの「障害のある子」の教育は特別支援学級や特別支援学校へ、といったいわゆる「別学体制」の流れがあったことを思えば、画期的だという見方もできるでしょう。そして文部科学省は「特別支援教育を進めていくことで、インクルーシブ教育を実現する」という、特別支援教育の延長線上に「インクルーシブ教育」があるという考え方です。研究者の中には、「そもそも特別支援教育とインクルーシブ教育は別物である」と主張される方もいます。

③東京都教育施策大綱（2021（令和3）年3月）

東京都教育委員会もこれまで「インクルーシブ教育」については言及してきませんでした。2021（令和3）年3月に出された『東京都教育施策大綱』に「教育のインクルージョンの推進」という文言が載りました。内容は以下のようなものです。

【教育のインクルージョンの推進】

・すべての子供が、自らの力を最大限に伸ばし、主体的、積極的に社会参加できるようにするとともに、互いに理解しながら交流し、支え合う体験を通して、一人ひとりの「心のバリアフリー」を実現することが重要です。

・子供たちにとって、学校生活等を通じて多様な人々と共に学ぶことが大切であり、そのことが、他者への共感や思いやりの心を育て、誰もが共に交流し、支え合う共生社会を実現することにつながります。

・こうした教育のインクルージョンを推進するためには、病気や障害等の状況にかかわらず、すべての子供たちを受け入れる姿勢や様々な専門性が必要です。

・様々な状況の子供たちが、学習活動に参加している実感や達成感を感じながら充実した時間を過ごせるよう、柔軟な仕組みによる多様な学びの場を創出し、多様な個性を持つ子供たちが互いを認め、尊重し合いながら学ぶ環境を整えていきます。

【施策例】

・障害のある児童・生徒の能力を最大限に伸ばし、自立と社会参加・貢献を実現するための教育の充実

・社会的な自立を支援するための学びのセーフティネットの構築等

これを読んだだけでは具体的な像は見えてきません。正直、ただの「かけ声」という印象を受けます。ただ、これまで「インクルーシブ教育」のイの字も出てこなかった東京都が、曲がりなりにも「インクルージョン」という言葉を使ったこと自体を評価する向きもあります。

言い換えれば、具体的な像は、現場が今後試行錯誤しながら進めていく、ということなのかもしれません。

3　改めて「インクルーシブ教育」を考えると

おそらく、大方の同意を得られる部分としては「インクルーシブ教育は『共生社会』に向けての取り組みである」ということです。

したがって、現状では多分に「理念的なもの」である、というとらえ方をしています（しかしながら、この「理念的なもの」であるというとらえ方をしてからすでに 10 年以上も経過し、「理念的なもの」という押さえで本当にいいのか、とも思っています。ここも現場での議論がもっと必要なところだなと思っています）。

ドキュメンタリー映画『みんなの学校』で有名になった大阪の大空小学校の実践を「インクルーシブ教育」ととらえる向きもあります。大空小学校の実践を否定はしませんが、大空小の実践以外は「インクルーシブ教育ではない」となると、もうその時点で多様性を許容していくといった視点での「インクルーシブ教育」ではないな、という思いも正直もっています。

4　認定特別支援学校就学者制度（2013（平成 25）年9月）について

「視覚障害者、聴覚障害者、知的障害者、肢体不自由者又は病弱者で、その障害が、第 22条の3の表に規定する程度のもののうち、当該市町村の教育委員会が、その者の障害の状態、その者の教育上必要な支援の内容、地域における教育の体制の整備の状況その他の事情を勘案して、その住所の存する都道府県の設置する特別支援学校に就学させることが適当であると認める者」。

これは、どの子もまずは通常の学級に就学することが基本であり、特別支援学校に行く場合は「特別に認定」されていく、ということです。歴史的にみれば、「障害がある子は特別支援学級・学校へ」という時代を経て、「障害があっても特別に認定して通常の学級に行く」というケースを認めた時代があって、と考えると、きわめて画期的だということになります。前述した「障害者の権利に関する条約」や「インクルーシブ教育システム」との整合性も認められます。

つまり、まとめれば、

○「障害がある」→「特別支援学級・学校」ではない。

○「障害がある」→「障害に対する支援や配慮」を行っていく。

ということです。まだまだ教育現場には「障害がある」→「特別支援学級・学校」と考える人もいるようですが、現在はそうではない、ということはインクルーシブ教育を考える上でも押さえておく必要があります。

5　現行小学校学習指導要領

　現在の小学校学習指導要領の中には、「特別な配慮を必要とする児童への指導」という項目があり、その内容は以下の通りです。

　〇障害のある児童などへの指導

　〇海外から帰国した児童などの学校生活への適応や、日本語の習得に困難のある児童に対する日本語指導

　〇不登校児童への配慮

　少なくとも、主たるフィールドを通常の学級におく小学校教育において、「障害のある児童」が存在（これは平成5年の「通級による指導」の制度改定によって、はじめて公に「通常の学級に障害のある子が存在する」ということが認められたということがあります。それ以前は、現実に障害のある子が通常の学級にいても、「通常の学級に障害のある子はいない」というのが国や行政の考え方でした）し、その子に応じて「指導する」ことが明記されたという点で評価されていいものだと思います。

　通常の学級に障害のある子がいても、そこに「いる」ことだけがあり、指導については放置（ネグレクト）の状態であった、ということも少なからずありました。その点では、こうした内容が小学校学習指導要領に盛り込まれたというのは前進ととらえていいのではないかと思います。その「障害のある児童などへの指導」のところには、このように書かれています。

　ア　障害のある児童などへの指導は，特別支援学校等の助言又は援助を活用しつつ，個々の児童の障害の状態等に応じた指導内容や指導方法の工夫を組織的かつ計画的に行うものとする。
　（24頁）

　この文言が示す内容とは、つまり「特別支援教育を進めていきなさい」ということに尽きるのかなと思います。

　余談になりますが、平成18年に従来の「特殊教育」が「特別支援教育」に変わったときに、「特別支援教育」の対象は「従来の特殊教育の対象者＋LD、ADHD、高機能自閉症」と説明をされました。特別支援教育は、通常の学級に存在する「LD、ADHD、高機能自閉症」の子どもたちも対象であると、対象者が広がったわけです。世間的には、まだ「特殊教育」＝「特別支援教育」というような誤解もあるように思います。それは、

　〇特殊学級→特別支援学級

　〇養護学校→特別支援学校

という形で、内容的には変わらず、単なる名称変更で終わってしまった、ということも遠因としてあるような気がしています。

6　私たちの考えるインクルーシブ教育

　通常の学級をフィールドにしながら、そこでインクルーシブ教育を展開していくのに、保護者や先生方に理解してもらうには、より簡単な説明が必要だと考えました。そこで「私たちの考えるインクルーシブ教育」として以下のようにまとめてみました。

①「できないことをほったらかしにしない教育」

②「共に学び共に支え共につくる」

③「障害理解教育」

①の「できないことをほったらかしにしない教育」というのは、「障害のある子だけではなく、学力に課題のある子や生活面等で課題のある子もすべてインクルーシブ教育の対象である」としたことです。子ども一人一人に応じた適切な支援や対応が大切だと考えてきました。

②の「共に学び共に支え共につくる」というフレーズは、「杉並区教育ビジョン2012」のスローガンでもありました。このフレーズは「インクルーシブ教育」を表す端的な表現ではないかと考えました。

実際に、杉並区議会の2017（平成29）年第4回定例会（11月17日）において、当時の井出隆安教育長は、次のような答弁をしています。

◎教育長（井出隆安）　私からは、インクルーシブ教育と開かれた学校づくりに関する御質問にお答えをいたします。

お話にございましたとおり、映画「みんなの学校」の舞台となった小学校では、特別支援学級という枠組みを取り払い、障害がある子どももない子どもも皆で一緒に学校生活を送るという、いわゆるフルインクルージョンの形態で運営をされております。こうした学校経営は、校長の経営力や教員の指導力はもちろんのこと、学校の規模や地域の理解と支援など、様々な課題を克服しながら徐々に実現をしていったもので、これを直ちに一般化して全国的に行うということは容易なことではないと考えております。本区もまた同様ですが、今後とも、特別支援教育を含めた教育のあり方に関する理解を深め、社会的な合意形成を図る中で、誰もが豊かに学ぶことができる学校づくりを進める努力をしてまいりたいと考えております。

そうした中、区立学校のPTAの皆様を中心に、「みんなの学校」を鑑賞したり、舞台となった小学校の初代校長の講演会を催すなどの取り組みが広がってきていることは、大変すばらしいことと考えます。みんなで感じる、みんなで考える、みんなで話し合う、今後の教育はどうあるべきか、そのために何をなすべきかといった議論の潮流が確かなものになってきているという実感を感じているところです。

本区がこれまで進めてまいりました学校支援本部の全校設置や、地域運営学校の指定を柱とする開かれた学校づくりも同様でありまして、長年にわたる議論や取り組みの積み重ねの上に今があります。これまで以上に開かれた学校づくりに向けて、また、特別支援教育を含む杉並の教育のあり方につきましても、教育委員会と学校が、保護者や学校関係者、地域の方々とともにつくり上げていくべきものと考えております。**「共に学び共に支え共に創る杉並の教育」**の実現に向けて、今後とも着実に取り組んでまいりたいと考えております。（太字、筆者）

③の「障害理解教育」は、「インクルーシブ教育」と言われても、なかなかできない、という現実がある中で、まずは「障害理解教育」を切り口にしていってもよいのではないか、と考えたことが発端です。

　これまで行われてきた障害のある方とのふれあいや高齢者とのふれあい、視覚障害や肢体不自由、などといった障害を理解する、ということも「インクルーシブ教育」として、くくっていいのではないかという考え方です。そうした考え方を土台に置くことで教育現場におけるインクルーシブ教育を進めていくハードルが下がるのではないか、つまり、「インクルーシブ教育なんてとても私には無理です」という先生たちに対して、「大丈夫大丈夫、今行っている障害理解教育もインクルーシブ教育なんだから、そんなに怖がらなくていいよ」という形にしたわけです。

　実践を進めるなかで、東京都の副籍交流（通常の学級においての特別支援学校の児童との交流）や特別支援学級の児童との交流ということにも取り組んできました。そして、障害者、高齢者という枠にとどまらず、**様々な人たちとのかかわり・交流**もまたインクルーシブ教育としてとらえていいのではないか、と考えました。

　研究者やインクルーシブ教育を実践されてきた方からは異論も出されるでしょうが、私たちはこの３点を「インクルーシブ教育」の説明としてきました。杉四小での４年間のインクルーシブ教育の実践の当初からこうした説明をし、ここについては理解が図れたと思っています。

7　インクルーシブ教育の取り組み

　では、実際にどういった取り組みをしてきたのかを説明していきたいと思います。

①通常学級で担任ができる支援

　「支援が難しい・できないと考えるのではなく、担任としてできる部分は何か」
　を考えて、実行していくという視点を大切にしていきました
　○児童の授業準備や用意などでの個別的支援・具体的な指示
　○テストの問題を読む、ルビをふる、キーワードに線を引く、などの個別的支援
　○朝、放課後等で個別にかかわる時間をつくり、個別の援助を行う
　○ふりがな付きのワークシートの使用、弱視児童への拡大教科書の使用
　○個別に下学年のプリントを用意する
　○わかりやすい指示、視覚的に情報を整理する。ことばだけの指示にしない
　○ICT 教育の推進、電子黒板の活用
　○座席の工夫−教室のはし、角がよいか、前か後ろか
　○集団の工夫−相性や人間関係を考慮した集団づくり
　○教師の立ち位置の工夫−前、横、児童のそば、全員が見渡せる位置

　以上のようなことは、これまでも大なり小なり取り組まれていたことで、このことだけを取り上げれば、「すでにもう行われている」実践だということもできます。ベテランの先生にとっては「インクルーシブ教育」というよりも「これまで当たり前にやってきたこと」かもしれません。しかし、一方ではこうした取り組みを「インクルーシブ教育」の取り組みとして整理しておくことは重要だとも考えています。

②学習支援教員による取り出し指導

学習支援教員というのは、杉並区の独自制度で、教員免許をもった非常勤職員です。週2日勤務です。保護者及び本人の了解を得れば、学習支援教員による個別の取り出し指導ができます。週2日ですから時間にして10〜12時間、10人前後の子どもを週に1時間「取り出し指導」できるという形になります。また「取り出し指導」だけではなく、通常の学級に入って、支援の必要な子のそばについて個別に支援していく、といったやり方をしている場合もあります。

③通常学級支援員による支援

現在の学校には、杉並区の特別支援教育課から通常学級支援員が1名配置されています（人数制限はありますが、支援の必要な児童に応じて派遣されています。筆者の前任校では、肢体不自由の児童もいたので、2人の支援員が配置されていました）。児童の安全管理が主たる仕事で指導はできませんが、体育や図工、音楽、生活等活動や運動が入る場面では支援員がいることで効果がありました。

④学生ボランティアを活用した支援

支援の必要な児童に優先順位をつけ、学ボラについてもらい、安全管理等を行っています。前任校では、支援員と同じように支援記録を記入して情報を共有していました。

⑤算数少人数での指導

東京都では、多くの学校で、算数の少人数指導ができるように少人数指導担当の教員の加配が行われています。3クラスを3人の担任＋少人数担当の4つのグループに分けて、通常のクラスでの指導よりも人数を少なくして指導を行うことができています。少人数指導の教員は、主に3年生以上の算数に対応することが多いですが、前任校では、低学年の算数を少人数指導で行えるように、都講師を配置していました。人数割、グループに配慮しながら、支援の必要な児童にきめ細かく指導をしています。

大きい集団では話が聞けない子、発言ができない子、ゆっくりでないと学習出来ない子等が少人数指導では活躍の場面を作ることができ、それが自信につながっている、という事例もありました。算数少人数の指導も「インクルーシブ教育」の取り組みの一つといってよいと思っています。

⑥情緒の安定を図るための取り出し

教室で不安定になり暴言を吐いたり、乱暴な行動をしてしまう子どもに対して、教室からいったん出し、クールダウンを図る。落ち着いたところでプリント等を実施する、といったことを行ってきました。

⑦保健室登校（校長室登校）

集団になじめない、不登校傾向の子どもや、教室にいられない子どもを保健室登校（校長室登校）で支援していく、という取り組みも進めてきました。

⑧特別支援教室

東京都では、従来の情緒障害の通級指導が、特別支援教室になりました。都内の全ての小・

中学校に特別支援教室を設置し、発達障害教育を担当する教員が巡回して指導する形で、子どもにとっては在籍校で指導を受けられるメリットがあります。発達障害の子どもへの支援として、特別支援教室での指導も積極的に行ってきました。

⑨日本語指導

区の取り組みであり、正式には「帰国児童生徒等への訪問指導・補充指導」という名称です。日本語指導が必要な帰国児童・生徒、外国人児童・生徒を対象に、指導者が在籍校を訪問して日本語の指導を行う「訪問指導」、補充的な教科指導を行う「補充指導」を行っています。

以上の取り組みをまとめると、②学習支援教員、③支援員、④学生ボランティア、⑨日本語指導は区の教育委員会に支えられた取り組みであり、⑤算数少人数、⑧特別支援教室は東京都教育委員会に支えられた取り組みである、と分類できます。

①通常学級でできる支援、⑥情緒の安定を図るための取り出し、⑦保健室登校（校長室登校）が、学校独自の取り組みとなっていきます。

8　インクルーシブ教育の取り組みで大事にしたいこと

以下の点を「大事にする」と確認しながら実践を進めてきました。

①新学期のスタートを丁寧に

・人手が必要ならば、できるだけ人手を確保する。

・担任だけに負担を負わせない。

・管理職・保護者と相談しながら、その子にあった支援の仕方を考える。

②校内委員会の充実

〇支援の必要な子に対しての共通理解と指導の方法について校内委員会で確認

　→その子にとってどういう支援がベターか、話し合いの中で共通理解していく

③その子の実態を把握し、その子がわかるところから学習を進める

　→発達検査の活用

④宿題を個に応じて調整しながら進める

9　これからの学校づくりにおいて

今後の課題として、以下のような項目を上げました。

〇「予測不可能な時代を生き抜く」「生きる力」の育成

　・主体的、対話的で深い学び

　・社会に開かれた教育課程

　・カリキュラム・マネジメント

　→どう具体的な内容をつくっていくか

〇ベテラン教員の大量退職

・教員の質的な劣化

　　・多くの教育課題（外国語、プログラミング、道徳、ICT）

　　→何をどれだけやることが必要なのか

○どうインクルーシブ教育を位置付けるのか

　　・共生社会の実現のために

　　・多様な教育の場→誰も排除されない教育システム

　　・パーソナルな教育的ニーズにどれだけ公教育は応えられるのか？

　　→インクルーシブな学校づくりとはどういうものなのか。

10　今後、考えなければいけない課題

　インクルーシブ教育を進めるにあたって、今後、もっと考えていかなければならない問題を項目立ててみました。

①家庭との役割分担、連携

　必要に応じて管理職を含めた面談を行い、保護者と共通理解を図りながら進めていく。

②学力向上とインクルーシブ教育

　「できないことをほったらかしにしない」ということは「できることはできるように」させたい、ということでもある。この部分が学力向上に当たると考える。

　中学校では特に「学力の問題」は大きい。

③システムとしての通常学級、特別支援教室、特別支援学級、
　特別支援学校の位置付け

　　・柔軟に行き来できる状況づくり

　　　→「柔軟に行き来できる」という関係者の共通理解

　　・「通常学級が無理だから」ではない。どの場が一番教育保障ができるのか。

④発達障害や「ちょっと困っている子」への理解（学級の中で）

　　・「わがまま」ととらえられがち

　　「わがままではなく、その子の困難さである」という理解を深める一方で、当事者に「わがままに見られている」ということを伝えていくことも必要。

⑤学級経営・学校経営としてのインクルーシブ教育

　　・多様性、様々な意見があることを肯定していかないとインクルーシブは進まない。

　　他方、授業規律や学習規律というものがないと学級経営が進まない側面もある。（難しい…）

　　バランスが大切。

第4章

特別支援学級から見た
インクルーシブ教育

序　プロローグ〜障害児学級・学校は差別か〜

　「学校が『障害があるから別の学校・教室へ』という考えを持ったら、それは差別や偏見を教えているのと一緒ではありませんか?」(木村, 2019, 35頁)。『みんなの学校』[1]で有名な木村泰子氏の言葉である。木村氏はこうも言っている。「違う部屋で、『この子に手厚く特別支援教育をしてあげましょう』と言って、障害を理由に子どもたちを分断するのは、この『見えない排除』だと思っています」(木村, 2019, 161頁)。

　大阪では長年、特別支援学校や特別支援学級があること自体が差別だという考え方があった。「共生・共育」か「発達保障」か、という対立が顕在化していた時期もあった。今、インクルーシブ教育を語る時に、少なくとも木村さんは昔でいうところの「共生・共育」論に立って発言されていると感じる。改めて1970年代の「共生・共育」か「発達保障」か、という対立を含め、特別支援学級の歴史を概観するところから始めたい。

1　目的

　特別支援学級から見たインクルーシブ教育について、特別支援学級の歴史を踏まえ、特別支援学級の在り方を提起した上で、課題を明らかにする。

2　特別支援学級の歴史を俯瞰しつつ概括する

①特殊学級の時代から（1960〜1970年代）

　1960年代は、まだ教職員組合が力を持っていた[2]。学力調査反対闘争(1961年)[3]では、組合を中心に反対運動が進められた。一方で、学力テストで点数のとれない児童・生徒を特殊学級においやるというケースもあった[4]。いわゆる狭い意味での「学力」(通常の学級で行われている算数や国語の教科学習によって得られる力)を考えた時に、特殊学級は、生活自立を目指しているところが大半であり、学校の中にあっても、まったく別の世界だと多くの教員が思うような状況であったと思われる(筆者はかつて戦後の渋谷区の上原中学校の担任であった大庭伊兵衛氏の聞き取りの際に、特殊学級の生徒は朝、職員室に注文を取りに行って、注文されたものを調理して、昼過ぎに職員室に持っていくという話を聞いて、職員室にいた先生方は、少なくとも「特殊学級」を通常の学級と同じようには見ていなかっただろうと感じたことがあった。おそらくそのイメージは間違っていないと思われる)。

　当時の中学校の特殊学級の教師にとっては、「金の卵」として町工場等に就職させることが目標であって、養護学校の高等部に進学するというのは「ダメな学級」であるという風潮さえあった[5]。その後、東京都では障害児全員就学の流れの中で重度の児童・生徒が特殊学級に入ってきて、これまでのような生活自立を目指す実践ができなくなり、混乱をきたしてきた。また「特殊学級の統廃合」が行われたり、異動要項が変わることで、その地域で特殊教育を担っていた教員がいなくなる、特殊学級の担任から養護学校へ移る教員が出てくるなどの理由で、特殊学級の力量は必然的に落ちていった[6]。

②「障害児教育」と「共生・共育」の考え（1980 〜 1990 年代）

　1979（昭和54）年の養護学校義務化以降、養護学校は障害の重い子の教育をどう進めるかが大きな課題であった。後期中等教育が注目され、養護学校高等部への進学が進んだ。組合は徐々に弱体化し、学校は管理の強化が進行した。通常の学級に障害児はいないことになっていて、「共生・共育」論で通常の学級に居続けることはエネルギーが必要であり、また、「適正就学」の名のもとに、特殊学級・学校への転学を進められることも多かった。「養護学校に就学することが適切である」という、いわゆる「養（護学校）適」の児童・生徒が特殊学級に進学するケースも多く、障害の重い子のためにそれぞれの地区（区市町村）で介助員制度が始まった。この当時の特殊学級担任は「適正な就学を進める」という考え方が主流であった。

③特別支援教育への転換（1990 〜 2000 年代）

　1995（平成7）年の学校教育法改正によって、通常の学級にも LD や ADHD 等の障害児がいることを正式に認めることになり、発達障害との関連で通常の学級に籍を置いたうえでの通級指導が進められることになった。特殊教育から特別支援教育の転換にあたり、特殊学級をなくして、すべてを特別支援教室にするという意見もあったが、特に東京都では特殊学級の保護者を中心に反対の声も大きく、結局、特殊学級は特別支援学級として制度上残ることになった。2007（平成19）年4月より特殊教育から特別支援教育への転換がなされ、特別支援学校は「センター的機能」を義務付けられたが、特別支援学級はある意味、特別支援教育に転換しても、実態はあまり変わらない、という状況であった。1990 年代から知的障害学級に情緒障害の子が多く在籍するようになり、学級の状況も変わっていった。

④インクルーシブ教育の動きと「多様な教育の場」（2010 年代〜現在）

　文部科学省は「共生社会の形成に向けたインクルーシブ教育システム構築のための特別支援教育の推進」（2012（平成24）年）で、「多様な教育の場」として特別支援学級、特別支援学校を肯定し、インクルーシブ教育システムの一つとして位置付けた。

　ここ数年の学校現場を見ると、インクルーシブ教育を進めようとすればするほど、「その子に応じた教育の保障」ということで、いわゆる「別学体制」が進められている印象が強い。

　その理由としては通常教育が教育内容を減らしていない、学級編成基準を変えていないなど、通常の学級においては、まだ「その子に応じた教育の保障」が十分できないことがあげられる。一方で、学習指導要領（2020（令和2）年完全実施）では、「障害のある児童などへの指導」ということが明記され、通常の学級で配慮していくことが明示されたことは、関係者の一定の評価となっている。少なくともただ放置するだけではいけない、という方向性は示されているといえるのではないだろうか。

⑤ 2030 年に生き残る学校の挑戦

　2020（令和2）年の新型コロナウィルスの影響で、学校も臨時休校を余儀なくされ、今はオンライン授業、文部科学省が強力に進めようとしている GIGA スクール構想[7]、など、特別支援学級の教育についても新たなステージを考える時期にきている。実際に、杉並区の特別支援学級で

は通常の学級に先行してタブレットを一人一台持たせて学習をするなど、ICT 教育が推進されている。

　今後の教育を考えた時に AI を抜きに考えることはもはやないだろうと感じている。これからさらに AI が進んで、「教員が子どもを教える」というスタイルは変わっていくかもしれない。オンラインの授業が進めば、施設としての学校は必要なくなるかもしれない。このように今後 AI 化が進む中で、学校は生き残れるのか、現場の「本気」（「子どもが力をつけていく」ための方策を、どこまで真剣に考えていくのか）が試されている、と感じている。

⑥「共生・共育」論と「発達保障」論の対立－インクルーシブ教育の観点から－

　松岡・鴨井は「共生・共育」論批判として、「教師や子どもたちの意識の変革のために障害児とかかわることが最優先される」「障害児の発達よりも、多くの人とのかかわりを重要視し」ている（松岡・鴨井,1993,334-335 頁）と指摘している。

　一方、「共生・共育」論からは、次のような指摘がある。「全障研は障害の種類別・程度別の基準とする人為的な基礎集団による分離教育を前提とした自らの実践に見合うような学習・発達観しか生み出さなかった」（柴崎,1996,12 頁）。（全障研：全国障害者問題研究会）

　そして「共生・共育」論は、「一緒にいることが当たり前」「どの子も普通学級で学ぶ」というスローガンのもと、「障害児の発達のためには障害児学級・学校は必要」という「発達保障」論と対立が生じたわけである。

　ただし、この対立が先鋭化していたのは、いわゆる「適正就学」が言われていた 1970 ～ 2000 年代のことであって、「就学先を決定する取り組みの改正」を経て、現在では、通常の学級で障害を理由に入学を拒否することはできないし、障害があっても通常の学級に入学することはできるのが現実である。問題はその先、「通常の学級でどのような教育を受けられるのか」「どのような支援があるのか」「どのような体制があるのか」ということであろう。

　清水貞夫は一貫して、「インクルーシブ教育は通常の学級の改革である」と指摘してきた（清水,2012,122-128 頁）。清水は「通常学校がインクルーシブ教育を実現するためには、学校が多様な特別ニーズ児が学習し生活する場であること、また子どもたちが差異をもつことを承認し、非排除・非差別・平等が学校ぐるみで共有される"共生の学校文化"を育まなければならないだろう。"共生の学校文化"は一人ひとりを大事にしながら多様性を包摂する学校文化であり、排除しない学校文化である。」（清水,2012,123 頁）と述べている。

　筆者は「発達保障」論に立場を置く者であるが、「一緒にいることが当たり前」という視点はインクルーシブ教育の観点から、重要だととらえている。そして、清水の指摘する「共生の学校文化」ということがその方向性であろうと思っている。

　通常の学級で障害のある子を含めた学習の保障（発達の保障）ができるようになれば、特別支援学級の存在も必要なくなるとも思う（実はそこが一番困難な課題なのであるが）。

　以上、1960 年代から現在までの特別支援学級の歴史を概観してみつつ、「共生・共育」論と「発達保障」論の対立についても言及した。

「共生・共育論」の発想に一定の意義は認めつつも、やはり「発達保障」が目指していた「発達」をどう保障していくのか、という点において、通常の学級が「変わっていない」現実があり、いまだ特別支援学級に大きな役割があると筆者は考えている。

また、ユネスコが 1985（昭和 60）年に国際成人教育会議で宣言した「学習権宣言」が特別支援学級の経営には重要だと指摘をしておきたい。

学習権とは、

> 読み書きの権利であり、
> 問い続け、深く考える権利であり、
> 想像し、創造する権利であり、
> 自分自身の世界を読み取り、歴史をつづる権利であり、
> あらゆる教育の手だてを得る権利であり、
> 個人的・集団的力量を発達させる権利である。
> （中略）
> 学習権なくしては、人間的発達はありえない。

出典：ユネスコ「学習権宣言」（1985 年）

3　特別支援学級の在り方

①通常の教育との連続性を意識した教育課程

特殊教育の時代、「特殊教育は通常の教育ではない」という論調があった。今でも「日常生活に生きる」「自立を進める」といった観点から特別支援学級の教育課程が語られることが少なくないが、筆者はそうではない、と考えている。教育の目的は「人格の完成」であり、根本において通常の学級と変わらない。また、通常の教育との連続性を常に意識しつつ、きちんと教科学習を土台に位置付けることが重要である。そして、そのような教育課程をつくるところが「インクルーシブ教育」と連動した特別支援学級の第一歩だと考えている。

②シンプルなわかりやすさ

通常の学級の教員からすると特別支援学級の世界は「なにか専門性を持っていないとできない」「よくわからない」「自分ではできない」と言われることが多い。生活単元学習、作業学習、日常生活の指導、遊びの指導、自立活動等、通常の教育にないものがあるということも一因であろう。そこで教育課程や教育内容はできるだけ「シンプルなわかりやすさ」を求めていきたい。具体的には、管理職、通常の学級の教員、通常の学級の保護者、地域住民等に理解してもらえるようなものを目指したい。

③「交流」機会を意識した「交流及び共同学習」

インクルーシブ教育システムのひとつとしての特別支援学級では「交流及び共同学習」を積極的に進めることが推奨されている。筆者は、あくまで児童の実態からプラスになる交流でないと意味がないと考えているが、特別支援学級の児童を、そのための人手を付けて通常の学級に交

流させる文京区の例などもある。文京区の事例をすべて肯定するわけではないが、実態は大事にしながらも、「かかわり」という点では「交流及び共同学習」は今後すべての児童が保障されるべきだろう。また、半澤は「小学校では機会が多くあり、中学では機会が減り、高校ではまったくない。これでは『障害のある子とは小学生の時代にだけつきあえばよい』という誤った考え方を助長する」[8] と指摘しているが、まったく同感である。神奈川ではインクルーシブの高校も出始めているが、就学前から就労まで、「交流」の機会はきちんと保障されるべきであろうし、その実践を拡大させていかなければならないと思う。

4　インクルーシブ教育と特別支援学級を考える際の課題

①「当事者」参加とカリキュラムの問題

　これからの教育は、授業を受ける主体である子どもたち、その「当事者」の意見を聞きながら授業を進めていくことが必要になっている。

　杉並区の中では「学びの構造転換」と表して、従来の「一斉学習」を「自分（たち）なりの問いを建て、自分（たち）なりの方法で知を学び取る」在り方（学習）へと変えていこう、授業改善を「同じも違いも混ざり認め合い、委ねて支えて共に探究する」という学びの構造へと転換させよう、という提案がなされている[9]（これに対する批判もないわけではないのだが）。

　特別支援学級においても、「学びの構造転換」は重要だと考える。ある意味、子どもたちに「答えはこうだ」と押し付けて、「覚えなさい」とやる授業が多くはなかったか。子どもが意見表明できる余地があるのか、子どもの考えは尊重されるのか、そういうことが大事だと感じている。

　筆者は総合的な学習の時間の授業で、子どもたちの興味関心から「電車の学習」を仕組んだことがある。こうした授業は、子どもたちの意欲を高め、学習に主体的に取り組むことができるようになる、という実感は持っている。特別支援学級のカリキュラムを組む際にも、「当事者」の意見を反映できるような柔軟なカリキュラム作りが求められているのではないか。

②主体と客体の問題

　学習指導要領では、「主体的・対話的で深い学び」が言われる。この「主体的・対話的で深い学び」をするのは子どもたちである。この時点で主体は子どもたちにある。ところが、「主体的・対話的で深い学び」をどう進めるか、という方法論になったときには、主体は指導者に移ってしまい、その時点で子どもたちは客体となる。実はこのことは大変重要なことだととらえている。「主体的、主体的」と言いながら、子どもたちに客体となることを強制してはいないか、ということである。

③共同性と個別の課題

　個別学習ではなく、少人数指導でも集団による学習を行うときに、その授業の統一した目標なり、課題なりはある。そしてそこに共同性を求める方向も出てくる。一方で、特別支援学級の学習は、1990 年代後半から「個別の指導計画」の登場とともに、個別指導や個別の学習が学習の中心となっている印象も強い。「個別の課題」は当然あるが、「個別の課題」を達成するのは「個別の

学習」ということではない。むしろ集団の学習の中で、どう個別の課題を達成していくか、を考える必要があると考えている。授業における「共同性と個別の課題」について丁寧に議論していくべきであろう。

④目指すものは何か

「インクルーシブ教育は通常の教育の改革である」ということを踏まえるならば、現在東京に置かれている特別支援教室は将来的にはなくなっていくべきである、という主張もある。フル・インクルージョンの考え方から言えば、特別支援学級や特別支援学校の存在自体が否定される。前掲したように、目指すべき最終形態としては、それもありうるかもしれない。しかしながら、現状では、特別支援教室、特別支援学級、特別支援学校のニーズは、少なくとも東京ではまだまだある。

一方で志水は公教育の目指すべき方向として「早期の分化をできるかぎり抑制」することを主張している（志水，2020，228 頁）。この考え方からすれば、今後小学校低学年くらいまでは、すべての児童は通常の学級に在籍する、となっていくかもしれない。しかしながら、そのことは、すぐに特別支援学級をなくす、ということでは必ずしもないだろうということを指摘しておきたい。

したがって、特別支援学級は、通常の学級との連携を深めつつ、「知的障害教育」の専門性を高めて、通常の学校の改革（通常の学級の教育の改善）にも寄与しながら学級経営を進めていくこと、が当面の目指すべき課題だと結論付けたい。そして、そのような特別支援学級の方向性がインクルーシブ教育の実現につながると考えている。

おわりに

通常の教育がいかに変わるか、ということがインクルーシブ教育の実現のカギであることは、この 10 年一貫して主張してきたことである。昨年度（令和元年度）まで在職した杉並区立杉並第四小学校では、4 年間にわたって、インクルーシブ教育を描いながらも進めてきた。先生方の意識は変わっていったが、通常の教育内容が変わった訳ではなかったので、やはりそこには限界もあった。その限界を特別支援学級の開設という形で突破しようと考え、杉四小が閉校になり、後を引き継いだ高円寺学園で現在小中一貫の特別支援学級がスタートしている。

冒頭に紹介した大空小学校初代校長の木村泰子氏はこう言っている。「価値観や行動様式の違いを互いに受け入れて、すべての人が自分らしく生きられる社会をつくるために「特別支援教育」があるのです。異なったものを排除せず、共存するための柔軟な対応力をつけるためには、差異のある子ども同士でいつも一緒に学び合うことが、あたりまえでなければいけません」（木村，2020）。これは面々とつながる「共生・共育」論の考え方である。こうした考え方に対して、「障害のある子の学習権はどう保障できるのか」ということを常に問い続けてきた。それは、現在通常の学校で勤務する筆者にとって、「差異のある子ども同士で一緒に学び合う」ことの具体的方法を、現行の学習指導要領下で、どのように実現していくのか、ということでもある。

「通常の教育は変わったか」という問いに対して、学習指導要領の総則で「特別な配慮を必要

とする児童への指導」などが入ってきて、「変わってきた」と主張される方がいる。前掲したように、そういう意義は一定認めつつ、やはり筆者は「何も変わっていない」と感じている。まだまだ障害のある子にとって通常の教育の牙城は高い、と言わざるを得ない。そもそも学習指導要領で学習内容を規定しておいて、「主体的対話的で深い学び」をどの子にも保障できるのか。やったことにしてやりすごしてきたのが、戦後の小学校教育ではないのか、そんな思いすら抱いている。障害のある子たちにとっての安全基地、そして学習を保障する場としての特別支援学級の意義は、通常の教育が変わらない限り、これからも残るであろう。

　一方で、特別支援学級の教育が「障害のある子の教育」ということのみに限定していくことにも危惧を覚える。インクルーシブ教育が進まなかったのは、通常の教育が変わらなかったということだけではなく、通常の学校の併設学級である特別支援学級が「障害児教育」という側面のみを強調し、インクルーシブ教育を推進する発信をしてこなかったからではないか、という思いももっている。

　21年間の特別支援学級担任の生活の中で、自分なりにインクルーシブ教育を勉強し、通常の小学校の管理職となって12年目を迎えた。今後も、インクルーシブ教育について発信しつつ、通常の学級の変革と、特別支援学級の在り方についても、さらに追究していきたい。

【注】

1) 『みんなの学校』(2015)。ドキュメンタリー映画として、大阪市立大空小学校を舞台に記録されたもの。「すべての子どもが安心して学んでいる奇跡の学校」として注目を集めた。

2) 文部科学省の資料（2019）「教職員団体全体の加入率・新規加入率の推移」を見ると、昭和33年（1958年）は加入率94.3%、その後下降を続けるが1960年代の加入率はまだ7割はあった。ちなみに令和元年（2019年）は32.0%である。

3) 文部省（1972）『学制百年史』946頁に、「(昭和)41年から46年までの間、人事院勧告の完全実施、給与の大幅引き上げ要求等と、安保条約破棄、沖縄返還協定反対等の政治目的をも結合させて伸べ7回にわたるストライキを実施し、延べ112万人の教職員が参加し、うち述べ28万人の教職員が懲戒処分を受けている。」との記載がある。

　また、『都障教組史』97頁には「日教組は、学力テスト反対を決定し、13都道府県に闘争指令を出しました。これに対して政府は、警察官を動員して全国で160カ所の不当操作を行い、任意出頭2000人、逮捕交流など徹底的な弾圧を行」ったとの記述がある。

4) 東京都教職員組合・障害児学級部(1987)『障害児学級部の歩みと障害児教育運動1953～1986』の8頁によると、この当時、「一部の県に」「学習不振児をテストから外し、安易な形での促進学級的『特殊学級』をつくるといった露骨な事実」があった、という指摘がなされている。

5) 1960年（昭和35年）前後の墨田区の中学特殊学級は在学中から実習を行い、卒業と同時に就職することが大半であった。墨田区・墨田区教育委員会（1964）『特殊教育十年』によると、1963年（昭和38年）の実習先・就職先には80もの工業所、製作所等の名前がある。また、調布の中学校特殊学級では「かっては全員が就職」していた。

6）昭和 43 年（1968 年）4 月に東京都では「不経済学級の解消」という名目で、小学校特殊学級 28 学級、中学校 14 学級が減らされた。

7）文部科学省は、GIGA スクール構想について「一人一台端末と、高速大容量の通信ネットワークを一体的に整備することで、特別な支援を必要とする子供を含め、多様な子供たち一人一人に個別最適化され、資質・能力が一層確実に育成できる教育 ICT 環境を実現する。これまでの我が国の教育実践と最先端の ICT のベストミックスを図り、教師・児童生徒の力を最大限に引き出す」と説明している。（2020 年7月）。

8）2020 年8月25 日に杉並区立桃井第一小学校で行われた研修会での半澤嘉博氏（東京家政大学）の講演から。

9）苫野一徳の『「学校」をつくり直す』84 頁に「（杉並区は）学力の保障・向上のためにも、『みんなで同じことを、同じペースで、同じようなやり方で』から脱却し、『個別　』『協同』『探究』へと学びのあり方を "構造転換" していくと明言している」との説明がある。

【文献】

・木村泰子（2020）「いつもいっしょがあたりまえ」『週間教育資料』2020 年9月7日号、教育公論社

・木村泰子（2019）『「ふつうの子」なんて、どこにもいない』家の光協会

・柴崎律（1996）「学ぶことの意味を問い直す」『人権と教育』第 24 号、12 頁

・志水宏吉（2020）『学力格差を克服する』ちくま新書

・清水貞夫（2012）『インクルーシブ教育への提言』クリエイツかもがわ

・清水寛・高橋浩平（2002）「東京における第二次大戦後の心身障害学級の歴史〔Ⅴ〕−「心身障害児希望者全員就学」と心身障害学級の関係を中心に−」『埼玉大学教育実践総合センター紀要　第1号』埼玉大学教育学部

・墨田区・墨田区教育委員会（1964）『特殊教育十年』

・調布市教育委員会・調布市心身障害教育推進委員会（1985）『調布市心身障害教育 25 年のあゆみ』

・高橋浩平（2017）「『交流及び共同学習』について−知的障害特別支援学級の視点から−」障害児教育実践研究会『障害児教育実践の研究』第 27 号

・高橋浩平・清水寛・飯塚希世（2000）「聴き書き：東京の心身障害学級の教師たち〔1〕大庭伊兵衛氏の戦中・戦後の知的障害教育の歩み」『障害者問題史研究紀要』第 39 号, 57- 67 頁

・東京都教職員組合・障害児学級部（1987）『障害児学級部の歩みと障害児教育運動 1953 ～ 1986』

・東京都障害児学校教職員組合（1992）『都障教組史』

・苫野一徳（2019）『「学校」をつくり直す』河出新書

・松岡雅文・鴨井慶雄「「共生・共育」論批判─原学級主義の問題点とその克服に向けて」大久保哲夫・鴨井慶雄・品川文雄・三島敏男編著（1993）『障害児学級実践ハンドブック』労働旬報社。

・文部省（1972）『学制百年史』帝国地方行政学会

（初出　特別支援教育実践学会編『特別支援教育実践研究』創刊号、2021 年、31-38 頁、なお、転載については学会の許可を得ている。）

第5章

座談会

■座談会■

インクルーシブ教育の方向性と今後の課題

【司　会】渡邉 健治（東京学芸大学名誉教授）
【参加者】半澤 嘉博（東京家政大学教授）
　　　　　中西　 郁（十文字学園女子大学教授）
　　　　　高橋 浩平（杉並区立桃井第一小学校長）

インクルーシブ教育への取り組みと課題

渡邉（司会）　本日はお忙しい中お集まりいただき、ありがとうございます。「インクルーシブ教育の方向性と今後の課題」というテーマで、座談会を進めさせていただきます。

　まずはじめに、皆さんの自己紹介とインクルーシブ教育についての考えを述べていただきたいと思います。それでは、よろしくお願いいたします。

●インクルーシブ研修だより」の発信

高橋　杉並区立桃井第一小学校長の高橋です。これまで前任校の杉並区立杉並第四小学校を含めて、7年間、学校長としてインクルーシブ教育を一つの柱として実践を進めてきました。その7年間の実践を振り返って、インクルーシブ教育を今、どのように考えているかをお話できたらと思います。

　まず、インクルーシブ教育と言ったときに、いまだに特別支援学級や特別支援学校、特別支援教育専門の方々のフィールドだと誤解をされている向きがあるのですが、通常の学級の改革が一番だと。つまり、通常の学級が変わっていかないと、インクルーシブ教育はなかなか進まないと考えて、この7年実践してきました。学校現場というのは大きな改革が難しくて、1875（明治8）年以来150年間、システムとしてあまり変わっていないというところがあります。校長がポッと行って、すぐ

「インクルーシブだ」と言っても、なかなか進まないだろうと思いました。そこで、先生方の意識改革を少しずつ進めていく方法を取り、インクルーシブ教育に向けて、「インクルーシブ研修だより」を作って先生方に配布してきました。また、具体的な取り組みとしては、支援の必要なお子さんや、どうしても通常の学級の中で普通に生活や学習ができないタイプの子どもを積極的に校長室や管理職のほうで引き受けながらやってきたところです。

　その「インクルーシブの研修だより」ですが、指導のあり方とか考え方を整理できるように、先生方に先輩からのメッセージの意味も込めながら書いてきました。ちょっと忙しくて1年のブランクがあったのですが、2016（平成28）年に始めて、2年後の2018年、それから2019年、2020年と続き、現在も「インクルーシブ研修だより」を書いています。前任の杉四小のときは、杉八小と高円寺中学校と3校合同でインクルーシブプロジェクトという取り組みをしていたので、3校の先生方に配布して、いろいろと一緒に考えていくということをやっていました。また、杉四小では、毎年、公開報告会をやり、半澤先生、中西先生にもご出席いただき、インクルーシブ教育のあり方について学習する機会を設けていました。

　昨年（2021（令和3）年）、桃井第一小学校に異動になり、コロナ禍で2か月の臨時休校があったりしました。また、桃一小で初めてインクルーシブをやるということで、2021年は「インクルーシ

ブ研修だより」を1年間に80枚書きました。先生方にインクルーシブのことをわかってもらうために、支援の必要な子についてや学級経営のあり方など、いろいろと書かせていただきました。

　今年度（2022（令和4）年度）は杉四小のときと同じように、同じ校区の中、四宮小学校と井荻中学校と本校がいわゆる小中一貫の一つのグループになっているのですが、その3校でインクルーシブプロジェクトを始めています。1年目なので、お互いの学校を見合うところから始めているのですが、「インクルーシブ研修だより」を3校の先生方に配布して、これを読むことがまずは研修だと言って読んでもらっています。

　あと、杉四小の時代には公開研修会をやる中で、研究のリーフレットを毎年作って、区内や関係のところに配っていました。リーフレットは、最初は私がほとんど全部作っていたのですが、校正段階で先生方に誤字・脱字がないかを見てもらう中で、先生方の学習という位置付けでやっていきました。そこから少しずつ、教員自身の発信を進めていきました。

　具体的な部分で言うと、指導のあり方として通常の学級でどこまでやれるのかということがありました。一つは支援員や学習支援教員の取り出し指導、特別支援教室、それから杉四小のときは新校開設に向けての特別支援学級づくりがあったので、特別支援学級も視野に入れて多様な教育の場ということで整理をしてきました。

　7年間、そうやって細々と継続しながらやってきたわけですけど、今、思うのは、やはり通常の学級のカリキュラムがもう少し柔軟性を持った弾力的な運用ができないのかということと、そもそも通常の学級で何をどこまで教えるのがベストなのかをもう少しはっきりさせたいということです。

　集団の中でうまくいかない子というのは、障害がある、なしにかかわらず、結構いるわけですが、どういう形で受け止めていくのがいいのかを、今、模索しているところです。ただ、当然、支援システムも考えていかなければならないのですが、支

援が充実すると支援児が集まりやすくなって、結局、また大変なことになるとか、支援が充実していけばいくほど、通常の学級の先生が他人事になって、丸投げになる傾向もあるので、

高橋 浩平 氏

このあたりのバランスを考えていくことが大事だろうと思っています。

　それから、管理職を含めた教員の知識不足というのも結構あるなと、今、感じています。これは研修だよりを書く中で、私自身わかってきたことですが、たとえば特別支援教室と特別支援学級の違いを説明できる教員がほとんどいない。管理職を含めても、なんとなく自分のイメージや経験だけで説明している。ですから、特別支援教育とインクルーシブ教育の違いもしっかりと説明できる人はなかなかいない。特別支援学級や特別支援学校のいわゆる就学相談、就学支援相談のあり方や、どういうシステムで支援学級や支援学校に行くのかというようなことも管理職や通常の学級の先生方はほとんど知らないと言っていい。みんなに理解してもらいながら進めていかないと、インクルーシブ教育と銘打ってやっていこうとしても、なかなか浸透されないなと実感しています。そんなことを今、課題として思いながら実践しています。

渡邉　高橋先生どうもありがとうございました。校長先生がリーダーシップを取って、日本版インクルーシブ教育を進めることは、なかなか見られないことであり、そして、それを着実に「インクルーシブ研修だより」なども発行していることに感服しております。また、通常学校の先生方、あるいは管理職の方の課題も、今回、明確にしていただいております。さらに、座談会を進める中で、インクルーシブ教育の考えを深めていただければと思います。

●インクルーシブ教育の新たな課題

半澤 私は東京家政大学で教員養成に携わっております。特に特別支援教育に関しては、教育職員免許法施行規則の改正により、大学の教職課程の中で、幼児、児童及び生徒の心身の発達及び学習の過程（障害のある幼児、児童及び生徒の心身の発達及び学習の過程を含む）の単位が必履となりました。これにより、幼稚園、小学校、中学校、高校の教員の特別支援教育やインクルーシブ教育についての知識・理解などはだいぶ深まってきているように思っています。

インクルーシブ教育の方向性としては、障害者権利条約の批准、障害者差別解消法の施行等の一連の流れの中で、障害者への差別禁止と合理的配慮の提供について、今、国を挙げて取り組みを進めて、その成果も広がってきていると思います。また、日本社会全体のグローバル化の中でのSDGsの社会づくり、ダイバーシティに向けての環境整備等の方向性と関連しての進展が確かに見えてきているという実感をもっています。

ただ、その中でも、まだ障壁となるような新たな課題も見えてきたところがあると感じています。現在、私は東京都のいくつかの区市町村の特別支援教育の推進計画づくりに携わっていますが、そこで見えてくるのは、国や都の動きの中で、現在ある特別支援学校、特別支援学級、通級による指導といったカスケードの存在としての特別支援教育の場の専門性をどう担保していくか、また、交流及び共同学習として通常の学級との接点をどのように充実させていくのかといったことに苦慮しているところが多くあります。

また、今、いろいろな学校でお話させていただくことが多いのですが、どこの学校でもユニバーサルデザインと合理的配慮の考え方や新し

半澤 嘉博 氏

い概念をどのように理解して、学級経営や日々の授業の中で進めていけばいいかをテーマとした研修を行っていきたいとの希望が多くあります。やはり新しい考え方ですので、なかなか理解が難しいところがあると感じています。

さらに、私は東京都手をつなぐ育成会の仕事や、世田谷区ユニバーサルスポーツ振興会（NPO法人）にもかかわっているのですが、そこで障害のない人たちとのかかわりや交流の取り組みを広げていこうとしても、まだ障害者の立場からの推進や依頼という形でしか展開しないことを経験しています。共生社会づくりの基本は、なんでも障害者の立場からお願いしますという形で展開するのではなくて、地域や障害のない人の方からも広げてもらうとか、こっちへおいでよとか、一緒にやろうよという働きかけがあって、双方向のベクトルで進めていくものと考えています。このような点について、お願いされればやるよ、という意識を改革していくことが重要であると思います。教員の意識改革、教育現場の意識変革がこれからの課題として大きいのではないでしょうか。

私は5つの観点で今後の課題を整理しました。まず1つ目は、日本のインクルーシブ教育システムの定義や目標がないことです。障害者基本計画の中でも、文部科学省の施策の中でも明確に示されていないことから、何をどこまでしたらいいのかがわからないことが一番大きな課題であると思います。

2つ目には、結果として特別支援学級、特別支援学校の児童生徒数が増えている。インクルーシブ教育システムに変えたら、特別支援学校、特別支援学級が増えてしまった。これは行政計画や行政事業としては、総合的にマイナス評価であるとの指摘がなされるものであると思います。また、交流及び共同学習がインクルーシブ教育を進めていく上での施策として位置付けられていますが、これが有効的な交流及び共同学習になっていないということです。障害のある人の困難さやできない面が強調されている障害者理解教育の

実際や、小学校からだんだん少なくなっていく交流及び共同学習の場、こういう現実的な取り組みの課題があると思います。

3つ目は、個別の教育支援計画（IEP）、これが日本では個別の教育支援計画と個別の指導計画の2つになっていますが、欧米ではほとんどがIEPの1つです。どういうふうに作成するか、使い分けをするかとか、様式を変えたりして工夫していますが、実際に作成されても、金庫の中にしまわれているだけであったり、保護者に見せて、ハンコを押してもらったらそのままにして、なんの修正もしない。さらに、作成するときに本人や保護者と討論したり、進捗状況や成果を一緒に評価したりするといった、いわゆるIEPミーティングはほとんど行われていない。これでは個別の教育支援計画の活用が十分ではないということです。

4つ目が、障害のある子どもへの合理的配慮を提供していく、特に通常の学級での体制整備の課題です。まず、目標設定や評価規準の弾力的な扱いを含めない日本の合理的配慮の限定的な定義については、不十分な概念でしかないということと、平等と公平の違いの誤解や曖昧さがあります。それから重度の子どもの合理的配慮というものが可能なのかどうかという限界の課題です。つまり、通常の学級で知的障害の重い子どもとか重度の障害の子どもを受け入れていくところまで日本がインクルーシブ教育システムの中で展開できるのかどうか。これはカスケードを含めての課題にもなりますが、重度の子どもを通常の学級に入れたら、その子どもの学習評価は低いままです。つらい思いもするのが現実です。そういう子どもたちが通常の学級で活躍したり、尊重されたりもする、いいところを見てくれる、伸ばしてもらえる、そのための合理的配慮という考え方にまで踏み込んでいません。

そして、義務教育の小中学校では可能としても、高校や大学でのインクルーシブ教育の展開がまだ限られています。最近は、障害のある子どもたちが高校受験、大学受験できることが増えてきてい

ますが、知的障害の子どもを平等に受け入れていく環境、特別枠、こういったしくみを整備していかなければ、障害者権利条約で示されている後期中等教育や高等教育の中でのインクルーシブ教育は目指すことができません。小中学校での段階から高等教育まで含めて考えていく長期的なインクルーシブ教育の目標設定が必要だと思います。今日は、ぜひ意見交換をしながら、課題に迫っていきたいと思います。

渡邉　半澤先生、ありがとうございました。教員養成に携わりながら、国の取り組みがある程度までは進んできているというご認識のもと、都内のいくつかの区を指導されていて、どうしても目線が障害者側からの目線になっていて、通常の学級側の目線になかなかなっていない、そこに大きな問題があるという意識を持っておられるようでした。そして、それらを押さえながら5点について説明していただきました。詳細は避けますが、また後ほどそれらを深めていただければと思います。

●交流及び共同学習の推進を柱に

中西　十文字学園女子大学の中西です。私も大学で教員養成を行っております。現職の前は、特別支援学校の校長を務めており、また、東京都教育委員会の職員として東京都の特別支援教育の推進計画の策定にかかわっておりました。

私からは、インクルーシブ教育の方向性ということで4点に絞ってお話させていただきます。1点目は、通級による指導の進展と今後の展開についてです。2点目はインクルーシブ教育システムの構築に向けた連続性のある多様な学びの場の整備と特別支援学級、特別支援学校の児童生徒の増加について、3点目は共同学習を軸に置いた交流及び共同学習の推進、4点目は学習指導要領の改訂への期待、特に知的障害教育の各教科の指導の充実についてお話をさせていただきます。

まず、1点目の通級による指導の進展と今後の展開についてですが、平成5年に学校教育法施行規則が一部改正により通級による指導が制

度化されたことで、通常の学級に支援を必要とする児童生徒が在籍しているということが、公的に認知されたこととなりました。通級による指導は、通常の学級に在籍している支援を必要とする児童生徒に特別支援教育の光を公的に射し込めたということで、評価をしたいと思っております。そういった中で通級による指導を受ける児童生徒は、年々増加している状況もあり、通級による指導の充実とともに、指導の終了のプロセスを検討していく必要があると思っています。また、さらに通常の学級に知的障害のある児童生徒が実際に相当数、在籍しているという現状を踏まえますと、通級による指導の対象に知的障害の児童生徒も、今後含めていくということを積極的に検討していく必要があると考えています。

　2点目は、インクルーシブ教育システムの構築に向けた連続性のある多様な学びの場の整備ということです。文部科学省はインクルーシブ教育システムの構築に向けて、連続性のある多様な学びの場の整備が必要としております。この多様な学びの場の整備は、確かに海外から帰国した児童や日本語の習得に困難がある児童、不登校児童など、障害のある子どもばかりでなく、すべての子どもにとって大切なことです。しかし、特別支援学級、特別支援学校の児童生徒数の増加は著しく、その数は増加する一方です。そういった中で、障害のある児童生徒が特別支援学級や特別支援学校に周縁化されている状況もあるのではないかと懸念しています。この連続性のある多様な学びの場は、共に学び、共に育つ学校教育を目指す有効な手立てなのか、これからのインクルージョンを目指す方策になっていくのかという疑問を抱いています。

　3点目の方向性としての提案ですが、このインクルーシブ

中西 郁 氏

教育の実現の唯一の方策は、「交流及び共同学習」の推進しかないのではないかと、最近、強く思っています。それも共同学習に軸を置いた「交流及び共同学習」こそが、共に学んでいく教育につながっていくのではないかと期待をしています。そのためにも交流が中心になりがちだった「交流及び共同学習」を、共に学ぶ共同学習にシフトチェンジしていくことが重要であると考えています。私は、ある東京都の区の特別支援教育の推進計画に携わっていますが、その区においては、この共同学習を中心とした「交流及び共同学習」を積極的に取り組んでいただいているところです。

　そして、4点目は知的障害教育の各教科の指導の充実です。今回の学習指導要領の改訂において、従来の生きる力の育成を基本に新しい時代に必要とする資質・能力が定められました。この新たな資質・能力は、知的障害のある児童生徒も含めて、すべての児童等に求められる資質・能力です。そのために特別支援学校学習指導要領の知的障害教育の各教科の目標・内容も新たな資質・能力に基づき、大幅に改善・充実が図られました。そのことで、知的障害教育の各教科と小学校等の各教科の目標と内容とが連続性や関連性が図られ、先ほど申し上げた共同学習に軸を置いた「交流及び共同学習」の基盤が整えられたことになります。これから知的障害教育の各教科の指導の充実を図っていくことがとても重要と考えています。そのためにも、知的障害の各教科の指導の充実に向けた実践的研究を深めていくことがインクルーシブ教育を進めていく方向性として重要です。私が考える方向性についての4点は以上になります。

渡邉　ありがとうございました。中西先生から主として4点についてお話がありました。とりわけインクルーシブ教育システムの構築について、このような取り組みでいいのかというような疑問が投げかけられました。

　そして、新たな視点と言ってもいいでしょうか。交流及び共同学習に着目されて、交流及び共同学

習が交流に重点が置かれているのを転換させなければいけないという話でした。そして共同学習のほうに重きを置いていく、そういう方向性を取らなければいけないんだという考えをお示しいただきました。

それから新学習指導要領で、小中学校等と特別支援学校の教科の目標や内容がかなり共通化されたこと、そこに共同学習の内容を深めていく意味があるのではないかということを示していただきました。どうもありがとうございました。

今まで先生方が述べられたことと重なるところもあるかもわかりませんが、これから私、司会の渡邉が討論の柱をお示しして座談を組みたいと思います。

まず、現在の日本におけるインクルーシブ教育システムとインクルーシブ教育は少し違う概念です。後でまた議論しなければならないのですが、ここはとりあえず、このインクルーシブ教育システムではなくて、インクルーシブ教育という観点から日本の状況をどのように見ているか話を進めていただきたいと思います。

日本のインクルーシブ教育の状況

高橋　まず、インクルーシブ教育の状況をどのように見ているかですが、校長時代を含めて、10年ぐらい前からずっとこのインクルーシブ教育への関心を持ちながら、実践も深めていきました。10年前に「インクルーシブ教育は共生社会を目指す教育」であり、多分に理念的であると書いたのですが、現在でもまだ、理念的な部分から脱却できてないなと。つまり、現実の具体的なイメージができないというのが一番大きいところかと思います。単純に障害のある子を通常の学級で学習させるのだということでもないわけで、そのあたりを少し理論的にも実践的に研究を進めていかないと、なかなか現実の具体像には到達しないかな、というのが一つあります。

それからもう一つは、とは言え、先ほど管理職

を含めた知識不足を挙げましたけれども、一方では従来のいわゆる特殊教育といわれていた障害のあるお子さんたちの伝統的な教育をやってきた人たちがどんどんリタイアしていって、今、学校現場自体はかなり若い先生方が増えている。知識は少ないけれども、支援が必要な子どもたちの受け入れを拒否するとか拒絶するというような傾向は少なくなっているのかなと。なんとか自分で頑張っていきたいと思っている先生が増えているのではないか。そのあたりに私としては一抹の希望を持つんですけれども。

先ほど、特殊教育の伝統的な指導者の話もしましたけれども、通常の学級でもやりそうで、通常の学級の一斉指示の中で子たちを集団として育てていくということをある程度、専門的にやってきた先生方からすると、やはり支援の必要な子がいるのは邪魔みたいな排除の論理になりがちなんですね。そこは若い先生方が増えたことによって、少しずつ排除の論理というのは少なくなってきているのかなと。そこがインクルーシブの今後の希望の一つではあるかなととらえています。

渡邉　ありがとうございました。半澤先生、お願いいたします。

●インクルーシブ教育の評価の指針

半澤　インクルーシブ教育の推進の状況という切り口で見たときに、イメージとしては、インクルーシブ教育に向かって状況はよくなっている部分もあると感じています。それは、たとえば小中学校の施設・設備で、エレベーターがついたりとか、障害者用のトイレも設置されたりとか、アクセシビリティは格段によくなっています。ですから、そういったような施設・設備も含めて、よくなっている部分は確かに評価できますが、その視点だけの評価では十分ではありません。だから、きちんとインクルーシブ教育が進んでいるということを客観的に評価できる指針が必要だろうと思います。

インクルーシブ教育の推進の状況についての指針として重要なのは、障害者権利条約の批准との

関係ですね。ここに焦点を当ててみますと、通常の学級の中で授業を受けている障害のある子どもが増えているかどうかが一番重要な視点だと思います。これが国際比較の中で見ると、日本はまだ障害のある子どもの25％ぐらいしか通常の学級で授業を受けていない。また、授業を受けているといっても、どのくらいの時間の授業に参加しているかのデータもないし、分析されてない。指標を定めて、ここをきちんと見ていかないことが大きい問題だと思っています。

　障害者権利条約の批准との関係では、日本障害フォーラム（JDF）が国連へのパラレルレポートなどで訴えていますが、通常の学級から排除されて、特別支援学級、特別支援学校に行っている子どもが増えているという批判的な指摘があります。この指摘を鑑みると、日本のインクルーシブ教育は進んでいない面があるということを、日本政府や文部科学省がきちんと認めて、具体的な対応策を考えていくべきであると思っています。

　ただ、具体的に何をしていったらいいのか、どういう指標できちんと押さえていかなければならないかは難しいところです。それぞれの立場で、小中学校の通常の学級、特別支援学級、特別支援学校、保護者や地域がそれぞれの指標づくりをして、その方向に向けての課題解決をしていく動きができなければ、インクルーシブ教育は推進していかないと思います。

渡邉　ありがとうございました。平成24年の中央教育審議会初等中等教育分科会での報告「共生社会の形成に向けたインクルーシブ教育システム構築のための特別支援教育の推進」で、今まで特別支援教育といっても、なかなか通常の小中学校等には浸透しなかったのですが、この報告でインクルーシブ教育というのは、日本の津々浦々にまで浸透しました。概念ではなくて、用語として浸透したと思います。しかし、状況から言えば、今、半澤先生のお話のように、多くの問題を抱えています。権利条約について、その中でもインクルーシブ教育システムというところを日本は

強調しています。そこに一つ、意味合いがありそうなので議論していきたいと思います。

●多様性と教育体制の整備

中西　そもそもインクルーシブ教育は、子どもの多様性の尊重等の強化ということだと思います。障害のある子が注目されやすいところもありますが、我が国の義務教育段階において、障害のある子はもちろん、様々なニーズを必要としている子どもたちがいて、その子どもたちの多様性を認めつつ、教育を展開していくことがインクルーシブ教育に求められています。このインクルーシブ教育の重要性が小中学校等の学習指導要領解説等に書き込まれたことで、子どもの多様性の尊重等を強化していくインクルーシブ教育の大切さが浸透してきています。

　しかし、そのような中で、特別支援学校や特別支援学級、いわゆる障害のある子の特別な教育の場に就学をする子どもたちが増加していることは大きな課題です。それは、通常の教育から排除されて、特別支援学校、特別支援学級に就学をしているのか、そうではなくても、特別支援学級、特別支援学校しか、我が子の教育の場を選択できないという消極的な就学先の決定もあるのではないかと考えています。インクルーシブ教育という用語は知られてきましたが、通常の教育の中で障害のある子どもたちを受け入れる教育の内容や環境整備などの条件整備はこれからだと思います。

渡邉　ありがとうございます。先ほど半澤先生からダイバーシティー（多様性）は、インクルーシブ教育に不可欠だというお話をいただきました。校長先生の立場から実践をしていて、この多様性の持つ意味を高橋先生はどのようにとらえて、あるいは学校としてどのように考えているでしょうか。

高橋　そうですね。やっぱり通常の教育において、なかなか多様性が尊重されてこなかったというのが現実だと思うんですね。つまり、一斉指示の中で、同じように動くことが求められることがまだべ

ースにある中で、席に座っていられないんだった
ら、それもありじゃないかというような考え方は、
通常の教育の現場ではいまだに少数かなと。ちゃ
んと座ってなさいという指導のほうが多いのかな
と思いますけれども。

　半澤先生や中西先生がおっしゃるように、その
多様性が尊重されなければ、インクルーシブもな
いなと私は考えています。自分の学校では割とそ
の多様性を尊重する方向で、校長としては舵を切
ってきたつもりではありますが、ほかの学校の様
子を見ていると、少しずつそういう広がりがない
わけではないのですけれども、まだ主流派ではない
というのが現場での実感ですね。

渡邉　多様性というと、多様な子どもたちという
ことでくくれば、それはわかるんですが、日本って、
外国人教育とかLGBTに対する取り組みが必ず
しも進んでいるわけではないですよね。そうした
中で、多様性という意味が個々人を大事にすると
いう意味ではわかりますが、この先、そこを超え
ていけるのかどうか。半澤先生、いかがでしょう
か。

半澤　その点を国際比較で考えると、日本の明
治時代からの独特な教育の仕組みがあり、多様
性の受け入れにはかなり抵抗感があると思いま
す。先生方も頭の中では理論として、多様性を大
事にしていくいろいろなやり方があるということは
わかっていても、自分のクラスの中に実際に障害
のある子どもがいるときには、大変だなと思って
しまうのが現実です。当事者意識として、多様性
をどう受け入れて、学級経営の中で工夫や配慮で
きるか、個別の指導ができるかというところで悩
む先生方が多いと思います。

　日本の教育システムは、基本的には一斉授業
で、同じ教科書を使って、そして登校して学校の
中で一緒に学ぶことが義務教育であるという考え
方に基づいたものです。ですから、日本は不登
校の子どもが多いですけれども、教育機会確保
法もまだ中途半端な形で、ホームスクール等を認
めている国と比べると、多様な教育の場やシステ

ムが少なく、限定的です。それから、先生の数も
学級数で決まる仕組みですね。少しは改正されて
きて、加配の中に個別支援の先生を含めてきてい
る標準法（公立義務教育諸学校の学級編制及び
教職員定数の標準に関する法律）に変わってきて
はいますが、あくまでも学級単位が基本です。で
すから、そういう仕組みの中で、日本の子どもた
ちの学力は高めてきたという評価される部分もあ
りますが、やはりその仕組みをある面では根底か
ら壊すような改革をしていけるのかが課題ではな
いでしょうか。多様性を受け入れていく教育シス
テムを基本とした仕組みの中に障害のある子ども
の教育の場を考えていくことは時間もかかるし、
かなり難儀なことだと思います。

渡邉　ありがとうございました。ユネスコなどは
インクルーシブ教育＝ダイバーシティが前提だと
いうわけです。私は、日本の場合、多様性とダイバ
ーシティというのは分離されているように思われて
なりません。ダイバーシティというと、どうも男女
平等、あるいはジェンダー問題になってしまって、
障害者を含めてのダイバーシティになかなか入って
いけていません。男女間の問題のみにとどまって
いて、障害者を含め、あるいは障害者を超えて、
様々なニーズを抱えている人々たちへという広がり
がないところに、インクルーシブ教育を進める上
での難しさがあるのかなと思っております。

インクルーシブ教育の国際比較

渡邉　次に、日本のインクルーシブ教育システム
の取り組みについてお伺いします。先ほどからず
っと教育システムということを話題にしてはおりま
すが、国際的なインクルーシブ教育との比較で、
日本のインクルーシブ教育システムはどうなのでし
ょうか。半澤先生に少しお話をいただき、私も少
し討論に加わりたいと思います。

半澤　やはり一番印象的なのはイタリアですね。
イタリアは、1992（平成4）年法律104号の障害
者包括法により、0歳からの保育園から大学まで

のすべての保育・教育の段階でフルインクルージョンが保障されています。もちろんその成果と課題はありますが、方向性としてのフルインクルージョンの手本、目標にはなります。

日本はフルインクルージョンのゴールには結構遠い位置にいますが、それは決してマイナスだけではありません。日本の場合は最重度の子どもも教育対象にしているという、これは世界に類のない重い障害の子どもの教育権を保障している国です。そういう国であるとの自負はありますが、明治時代からの障害児教育や特殊教育、特別支援教育の中で、障害の重い子どもたちも教育対象としてきた体制の中でインクルーシブ教育を考えると、障害の重い子どもたちが通常の学級の中で適切な教育を受けられるかどうかが課題の一つです。

私もいくつかの外国の教育の様子を見てきましたけれども、もちろん教室の中に自閉スペクトラム症の子どもとか、発達障害等の子どもたちがいます。ただ、それは通常の学級の中で他の子どもと交流できたり、かかわりを持てたり、個別の学習もしながら一緒の学習もできる子どもたちがほとんどです。合理的配慮と言っても、リーズナブル・アコモデーションだけでなく、目標設定や評価規準も変えていくようなリーズナブル・モディフィケーションもやっている。だから、全部が全部、一緒の授業を受けるのではなく、個別学習の時間や一人になることができる場所も保障されている。体制をちゃんとつくっていくと、受け入れが広がっていく。そういうやり方は、もともと他人と違うことへの価値観が強く、ダイバーシティを重んじていく欧米の人権意識の中で自然と進めてきている文化でもあると思います。

ただ、それは日本のやり方と全く違います。算数の授業で、みんな同じ問題を解く欧米の国はほとんどありませんよ。日本だったら、同じページで、2足す3は5。わかっている子どもも、わかっていない子どももみんな一緒に同じ問題を解いていく授業です。このやり方で教育する中で、インク

ルーシジョン、つまり障害のある子どもを入れて、理解できなくてもじっと座らせていくのはしんどいし、無理だと思います。では、どこで何をと言ったときに、多くの外国は個別学習なり、目標を下げた教材を別に用意したりできている。通級指導は考え方としては、欧米的な合理的配慮の形だとは思いますけど、日本はそれ以外の方法を提供できないから、特別支援学級や特別支援学校へ行け、となるんです。

欧米のもともとの教育の仕組みが多様な文化を受け入れていく仕組みであり、日本はどちらかというと横並びで、みんな一緒にやっていくという教育の仕組みとの違いがちょっと顕著になって、インクルーシブ教育を日本で推進していくことの一番の障壁になっているということが根本的な原因ではないかと思っています。

渡邉 ありがとうございました。我々、日本を含む東アジアの韓国、台湾、中国あたりの教育制度というのはかなり似ていると思います。それとアメリカの教育制度の部分を日本は取り入れています。

一方、ノルウェーは1992年に特別支援学校の配置を制度的に原則廃止としています。ただ、現在でも特別支援学校は存在していて、特別支援学校に障害のある子が在籍しています。これはやはり難しさのあることを示していると考えられます。ただ、ノルウェーは、北欧でも一番にインクルーシブ教育を進めている国だと思いますが、特別支援学級、通級指導教室等はありません。私が調べた範囲では支援員をかなり多く、厚く配置して、支援を通して通常の学級で教育しようとしています。学級の設置ではなく、グループをつくり、そのグループで支援して、インクルーシブ教育を進めようとしています。そ

渡邉 健治 氏

こでも学習が十分でないお子さんは特別支援学校へ移るということになります。特別支援学校をなくすことができるまで、ノルウェーがどのくらいの年月がかかるのか予想つきません。

　高橋先生、中西先生にお聞きしたいのですが、要するに通常の学級での支援という、この北欧型について、先生方はどのような印象をお持ちでしょうか。

●制度・支援のあり方を考える

高橋　結局、制度的にまだまだ難しいところがあるのですけれども、杉並区でも支援員と学習支援教員というのは教員免許を持っている先生で、その人は取り出し指導ができるわけですね。ですから、支援員と学習支援教員の人数をもう少し増やして、常態的に指導を受けられるという状況をつくるのは、特別支援教室や特別支援学級以外の支援の方法としてあり得るだろうと思っています。

　学校現場の現状で言うと、なんでもできるフリーの先生が1人いるか、いないかで随分違う。ちょっとした支援があればなんとかなる子も結構います。そういう点では先ほど、渡邉先生がおっしゃられたノルウェーなどの取り組みを日本ももっと取り入れてよいのではないかと思っています。

中西　就学支援委員会にかかわらせていただいていますが、就学支援委員会で通常の学級に就学をするか、特別支援学級、特別支援学校に就学するかなどを検討します。今、私たちが考えたいのは、通常の学級、特別支援学級、特別支援学校という選択肢が並行にあるのではなくて、まず通常の学級への就学を前提に考えていくことが重要と考えています。通常の学級という土俵の上で、たとえばAちゃんにどのような支援が必要かを考える。それは、介助員・支援員の配置であったり、教育環境の条件整備であったりします。それでも難しい場合は、特別支援学級、特別支援学校というように、教育の場の選択していくことが大切です。そのように通常の学級での学びの場を基本として支援策を考えていくことが、インク

ルーシブ教育システムを進めていくにおいて重要かと思います。

渡邉　ありがとうございます。今、中西先生、高橋先生のお話をお聞きして、ノルウェーのことを少し補足します。ノルウェーには、支援員のほかに特別支援教育教員が配置されています。特別支援教育教員がきちんと配置されている故に、支援ができています。以前、高橋校長先生の学校にお邪魔させていただいて、杉並区方式を見たときに、特別支援教育教員の配置はあるのですが、配置が弱いような感じがしました。

高橋　そうですね。

渡邉　だから、全国的に特別支援教育教員の配置を強化していくと、これは杉並区方式になっていきます。中西先生の言われるような土俵を通常の学級に置いて、ほかを補足していくという考え方になります。今は、確かに通常の学級における教育と特別支援学校、特別支援学級における教育は並行ですね。それを変えていくことは大きな意味合いがあると思いました。この点に関していかがでしょうか。

半澤　就学措置の基本的な考え方は、原則が小中学校であるということについて、2013年の改正学校教育法施行令第5条で明確に示されています。そして、特別認定（認定特別支援学校就学者）として、特別支援学校に就学させることがあるとの規定です。この考え方や制度については現場では正確に理解されていません。就学支援委員会などでも、障害が重い子どもの相談で、最初から「特別支援学校適ですね」という話になってしまうことがまだあると聞きます。

渡邉　文部科学省が学校教育法施行令について、そういう考えで進めようとはしてないわけですね。

半澤　法律的には進めようとしていても、現場が感覚としてついていけていない状況があるように感じています。

高橋　法律的にはもうそうなっているのですが。

渡邉　法律では、知的障害や視覚障害、聴覚障

害の方も在籍できるようになっています。しかし、知的障害の児童生徒について本格的な支援はしているでしょうか。してないのではないでしょうか？

高橋 してないですね。

渡邉 発達障害の児童生徒にはしっかり支援を進めようとしています。その意味で私は、文部科学省は施行令に沿って、そこに重点を置いて進めようとはしてないように思えます。

神奈川県が高等学校に知的障害のある子を入れているんですよね。高等学校14校に、1校20人ぐらいずつ入れているんです。かなりの数で入れているので、特別支援学校の在籍が減っている可能性もあるので、調べなければいけないなと思っています。

知的障害のある子どもの学びと支援

●通常の学級における学習保障

渡邉 次に、通常の学級における知的障害等の子どもがどう学び、そしてそれらの子どもをどう支援していくかについて、既に高橋校長先生からお話をいただいていますが、さらにこの観点からどうすべきか、議論したいと思います。

高橋 最初に中西先生が指摘されたように、平成5年に通級による指導が確立されて、その時点でいわゆる障害のある子も通常の学級にいるという認定があったわけです。それ以前は、通常の学級に障害児はいないことになっていたわけですけれども、知的障害の子はいなかったかというと、現実にはいたわけですよね。その子たちがどういう指導を受けていたかというと、結局はほぼ放置というか…。たとえば、知的な遅れのあるダウン症のお子さんは割と通常の学級にいましたが、学級活動などではうまくいっていて、なんとか集団に入れているけれども、やっぱり学習については難しかったこということがあります。通常の学級の担任として、そういう経験をされた方が特別支援学級の担任として来たりということもありました。

知的障害の子の受け入れというよりも、知的障害の子を通常の学級でどう学習保障するかが一番のテーマなんですね。ただいる、ということは基本的に可能なわけです。その中で友達関係などいろいろな問題が出てくるけれども、メインは学習保障がちゃんとできるかどうかということです。

いま、1年生で試行的に取り組んでいますが、学習保障しながらどう進めるかということで、家庭の協力も得ながら、今のところはうまくできているかなという実感を持っています。

ただ、知的障害の子の宿命というか、やはり学習内容が上がるにつれて厳しくなってきます。私も特別支援学級の担任をやっていた時代に、1、2年は通常の学級にいたけども、3、4年になって学習内容が難しくなってついていけなくなって、特別支援学級に移ってきたというお子さんを多く見てきたので、知的障害があっても学習保障を小学校6年間やっていけるケースをつくっていく必要はあるだろうと思っているんです。それが先ほど言ったような、カリキュラムを多少柔軟に考えるとか、どこまでを最低のミニマムな学習内容とするかというあたりとリンクすると思います。

半澤先生がおっしゃっていたように、知的障害のある子は特別支援学級あるいは特別支援学校だと、「通常の学級にいるのはおかしい」という考え方をする人がいまだに多くいるのですが、今、知的障害の子も含めて通常の学級でどうやっていくかをきちんと考える時期にきていると思いますし、そうしないとインクルーシブは進まないだろうと試行的に取り組んでいるところです。

渡邉 中西先生、いかがですか。

中西 知的障害のある子どもが通常の学級に在籍していたときに、その子どもも学級の中の大切な一人ですので、誰一人取りこぼすことがない教育を実現していくことが求められます。通常の学級には、知的障害のある、なしにかかわらず、各学年の各教科等の学習をしっかり習得し、全員

が同じ水準で学べているかといったら、だいぶ首をかしげるような状況があるかと思います。そのような状況であるからこそ、すべての児童の学びを一律の水準の目標設定するのではなく、一人一人が目指すべき水準が違うのだという考え方のもとで授業を行うべきだと思います。それでも難しかったら、やはり先ほど申し上げたように、知的障害の子どもたちに対しても通級による指導を設けていくべきかと思います。

渡邉　半澤先生、モディフィケーションの考え方について、それも含めてお話しいただければと思います。

半澤　合理的配慮については新しい概念で、まだ学校現場に浸透していない状況です。

通常の学級においても、クラスの子どもがすべて授業内容を理解できるわけではありません。教員の中で、昔から七五三という言い方をしますけれども、小学校で7割の子どもしか授業を理解できていないと。中学校は5割、高校は3割だと。そうすると、やはり知的障害ではなくても、グレーゾーンや理解の遅い子どもがほとんどのクラスの中にいるわけです。アメリカの落ちこぼれ防止法（No Child Left Behind Act, 2002）の中では、RTI（介入に対する反応）という考え方を展開し、クラスの中で一斉授業のやり方では理解が難しい子どもには別の課題、別の目標設定などを用意しようと。それでも難しい子どもは取り出し学習をしたり、なんらかの専門的な教育や療育を用意したりするという考えですね。こういう仕組みがすべてうまくいっているわけではないですけれども、考え方としては一斉授業だけではだめであるというところからの通常の学級での教育改革が必要になると思います。

また、特にその改革で大切なのは、日本の場合には学習評価に関して、目標に準拠した観点別の絶対評価となっています。評価をしますから、知的障害の子どもがいたときには、知識・技能や思考力・判断力・表現力の観点での評価や評定はかなり低くなってしまいます。絶対評価ですか

ら、小学校から中学校まで低い評価のままです。そうすると学習意欲もなくなってしまいます。クラスの他の子どもたちとのかかわりも減ってきます。学力面や人間関係の面でも、自信をなくしたり、居づらくなってきたりするのが当然だと思います。

ですから、絶対評価だけではなく、学習の目標や評価規準・評価基準も個別化していくことができるような対応に変わらなければ、知的障害の子どもにとっては通常の学級はハードルが高いものとなってしまいます。主体的な学びに向かう力とか人間性に関しての評価もするといっても、全般的な学習評価自体は低くなって、通常の学級で活躍できる場とか、自分を生かせる場、居場所をつくっていく環境づくりと、教科学習での合理的配慮をモディフィケーションまで広げていくことが大切になってくると思います。日本での合理的配慮は非常に限定的な取り扱いの仕方になっていますので、もっと弾力的なモディフィケーションを含めて、また、申請がなければできないというシステムではなく、イギリスで行われている合理的調整（アドジャストメント）等の仕組みも含めて、考え方を広げていき、弾力的な授業、学級経営の仕方に変えていくということが知的障害の子どもを受け入れていくために必要だと思います。

渡邉　ありがとうございました。神奈川で「みんなの教室」構想というのが小・中学校であるんですね。これはどんな子どももその教室に来て学ぶことができるというものです。障害のある子どもだけを集めるというものではありません。特別支援学級ではなくて、宇都宮市が実施している特別支援教室に近いものです。それをおそらく、教室として制度化して、神奈川全体でそれを進めようとしているんです。知的障害のある子が障害のない子と共に学ぶことができます。これが普及すれば日本型モディフィケーションカリキュラムだと思われます。このような取り組みが他県でも増えていくことを願います。カリキュラム自体を含め、通常の学級も変わらなきゃいけないと思います。高橋先生の取り組みもそうですが、まだ線や面には

なっていず、点の状況なんです。これは私たち学識経験者による、そうした取り組みを点から線につないでいくという試みが必要なんじゃないかと思います。そういう意味で、学会等でそれらに関するシンポジウムを持ちたいなと思います。

● 知的障害の通級による指導の試み

渡邉 知的障害の通級による指導についてですが、私は文部科学省の指定を受けた西条市の西条小学校に行ってきました。しかし、文部科学省は知的障害の通級について、教科の補充はだめだという指導をしているということでした。知的障害の通級による指導は、自立活動の指導をすべきだということです。このようなことを言われたら、知的障害の通級による指導は進まなくなってしまいます。ですから、知的障害だけでなく、全体として通級そのものを自立活動に重点化していると思います。教科の補充は重要なので、自立活動への重点化の傾向を変えていく試みをみんなでしていく必要があると思います。そうしないと知的障害を含めたインクルーシブ教育は進まないと思います。日本型のインクルーシブ教育を進めるためには、知的障害の通級による指導を契機として、そして突破口としていくんだということをみんなで声を上げていかなきゃいけないなと思います。

半澤 今年（2021年）、文科省が通級による指導の研究をして、7月に公募をかけたんですね。ところが、手を挙げるところがどこもいない。いまだに公募をかけていますけど（2021年12月段階）。

渡邉 文部科学省も、公募をかけているということは全く進めようとしてないということじゃないんですよね。だから、知的障害の通級による指導はみんなで支援していかなきゃいけないと思います。知的障害のある子どもが通常の学級に在籍していて、その指導で、先生方はみんな困っていると思います。在籍していて困っているのですが、困り方が子どもによって違うので声をあげられないのでしょうか。

半澤 そうですね。

渡邉 知的障害はあっても、別に暴れるわけでも、教室から出ていくわけでも、奇声を上げるわけでもない。そのために知的障害のある子が通級に行く必要性もあまり感じない。ましてや自立活動の指導なんて言われたら、どうやっていいか、先生方はわからないと思います。そうした問題があるということをここで確認しておきたいと思います。

半澤 そもそも現場では、可能であれば通級による指導の中で知的障害の子どもも指導してくれるとありがたいという気持ちはあると思いますが、法令上は知的障害の子どもは通級指導の対象ではありません。また、東京都では通級指導の内容は自立活動中心ですと言われているのが現実です。そう考えると、通級による指導という枠組みの中で、知的障害の子どもを支援していくことは難しいという現場の感覚があります。ですから、区市町村によっては、通常の学級の中にいる個別の配慮が必要な子どもへの学習支援員の配置や教科指導の取り出し指導ができる教員の配置等を考えていくわけです。

中西 海外から帰国した児童とか、日本語の習得が困難な児童、なかなか登校ができない児童などに対して様々な個別対応が行われています。そのように知的障害のある児童等に対しても、通常の学級の中に知的障害の児童が在籍している現実を受けとめて、指導をしていく必要があるかと思います。その一つの方法として通教による指導の検討が必要かと思います。また、その通級による指導では、以前に示され実施されていた教科の補充の指導の重要性も見直していく必要があるかと思います。

通常の学級の改革をどう進めるか

渡邉 ありがとうございました。それでは次に、通常の学級における改革をどのように進めていくか。いくつかお話はいただきましたけれども、さ

らにここで詰めていきたいと思います。

● **学力問題と合理的配慮**

中西　小学校の教室の中で、どれだけの子どもたちがその授業の内容を習得しているかと言えば、かなり怪しい子どもたちが多いのではというお話をさせていただきました。そのような児童には、プリントの内容を児童の学習の習得状況に応じて変えたり、取り組む内容を変えるなどの工夫がされています。また、45分間の授業にずっと座り続けていることが難しい子どもがいる学級においては、ある程度の時間帯になったら少しみんなで立ち上がって話し合う活動を取り入れる工夫をしている学級もあります。それは発達障害の子どもをはじめ、学びが困難な子どもたちに対応した指導であると思います。

　また、浮きこぼれといわれる特異な能力を持っている子どもたちへの教育も、今、課題になっています。つまり、一つのクラスに多様な子どもたちが大勢いるという視点で、通常の学級の指導は変わりつつあると思います。そういった意味でも、一つのクラスに障害のある子どもたちも含めて、様々な多様性のある子どもたちがいるという視点で通常の学級の指導を充実させていくことが重要だと思います。

渡邉　学力問題を避けて通れないと思うのですが、いかがでしょうか。今回の学習指導要領の改訂で、生きる力について、資質・能力の育成の観点がかなり強調されて、学力問題がそれほど浮き彫りになっていない感じがします。潜在的には学力問題があります。学力調査も始まってきますので、学力問題との関係ではどうでしょうか。

高橋　学力テストについては、特別支援学級は対象ではないんですよね。

渡邉　対象じゃないですよね。

高橋　ですが、知的障害のある子が通常の学級にいれば、その子は学力テストの対象になるわけです。そうしたケースで、結局、知的障害がいる子の学校の平均点は下がるわけで、昔のいわゆる

学力テスト反対闘争があったのと同じような、つまり、学力テストで点数を採れない子は特別支援学級へ送り込んじゃえ、という排除の論理が強まるということを懸念しています。学力は避けて通れないけど、狭い意味の学力、いわゆるペーパーテストで測れる学力だけではなくて、もうちょっと生きる力という部分での広い意味での学力、そこをしっかり押さえる必要があるんだろうなと思っています。

　だから、知的障害のある子は学力は必要ないという考え方ではなくて、知的障害のある子の学力はこのようにとらえて、それを伸ばしていくんだという、そういう意味での学力論というのをしっかり定着させる必要があるだろうとは思いますね。

渡邉　高橋先生の学校には1年生に知的障害のあるお子さんが在籍していますが、学力調査はどのように実施されているのでしょうか。

高橋　基本的に一緒にやっています。それから問題文もテストも基本的には一緒にやっています。そこで必要な支援はしていますけれども、一応、同じテストでやっています。通常の学級の先生方と話していて印象的なのは、先生たちってペーパーテストをやるときに支援しちゃいけないと思っている人が多かったんですね。たとえば、漢字が読めないのなら「ルビを振ってあげればいいじゃん」と言うと、「えっ、振っていいんですか?」と言う。その学習の内容ができないのだったら、同じ算数の時間に「他学年のプリントをやればいいじゃん」「えっ、そんなことやっていいんですか?」というように。先生方は、みんな同じにやらなきゃいけないという呪縛がすごくあるなと思うんです。

　ですから、学力論をもう一回構築するという点では、いわゆる評価の仕方というか、ペーパーテストだけでやっていいのかどうか、そのペーパーテストをやるにしても、必要な支援はハンディではなくて、その子に必要な合理的な配慮として認めていくというような方向をつくっていく必要があるだろうと思います。

渡邉　ありがとうございました。半澤先生、いか

がでしょうか。

半澤 通常の学級の改革に関しては、一つのキーワードとしては、「授業のユニバーサルデザイン化」であり、結構、現場の先生方の中で広がってきています。誰にもわかりやすい授業づくりを目指す方向性は、インクルーシブ教育に関する重要な研究テーマの一つだと思います。ただ、どうしても視覚化・共有化・焦点化という、なんでも絵で見せればいいというパターンになってしまっている感があります。それだけではなく、多様な情報提供、表現方法や、多様な励まし方等の考え方や指導技術を磨いていくことも重要であると思います。

また、学力との関係について、SDGsの達成に向けての教育や人材育成の視点で見ると、これから生き残っていく人間にとっての大切な資質・能力というのは、知識・技能中心ではなくて、多様な人との協働的な学びや活動、自分の個性を伸ばしていく原動力、積極的に人とかかわっていく人間関係形成力などが重要視されてくると思います。ですから、一律のペーパーテストで高い点数を取るような学習成果を得ることを目指すのではなく、もう少し広い学力観、人間観みたいなものが、次の学習指導要領の改訂で変わってくるといいかなと思います。

EQ（非認知能力）の育成、また、発達障害の子どもたちの2E（twice-exceptional：二重の特別支援）教育等の視点からの提言もありますが、少し苦手なところもあるけれども、得意なものを見つけて伸ばしていくことができる教育への改革が必要だと思っています。

渡邉 半澤先生、アメリカの例で、スクールワイドPBS（Positive Behavior Support）の話をされたと思うんですよね。日本でもいくつか国立特別支援教育総合研究所を中心にして紹介されています。この支援は3段階で、一般的な支援、それよりちょっと濃い支援、個別的な支援という3段階を考えて、スクールワイドの支援を展開しているところがあります。この広がりはあまり見られ

ないんですけれども、このことを半澤先生、どのように思いますか。これは学校改革にまでつながってないなと私は思っています。通常の学級について、高橋先生、いかがでしょうか。

高橋 最初、RTIの考え方のその前に、国際生活機能分類（ICF）のところから難しいんですよね。だから、研究者としては考え方、理論としてはあるけど、現場で一体、何を変えると、何をすると。取り出し指導すると言ったって、やってくれる人がいないから、だから、やっぱりできないだろうということですよね。ノルウェーやフィンランドは3段階の支援を持って、地域全体をやろうとしているところはあるんです。ただ、日本はそれほどなくて、いくつかの学校単位でやってるにとどまっているのです。

半澤 日本はまだ、個別指導計画をきちんと作成できていません。

学習指導要領が改訂されましたが、まだ、通常の学級の中での障害のある子どもへの個別指導計画の作成は努力義務でしかありません。これを作成することから個別支援がスタートして、RTI等の取り組みも展開する訳です。しかし、まだ法的にも整備されてないし、今の段階で、先生方もあえて苦労して作成しようとは思わないのではないでしょうか。

渡邉 通常の学級の改革で、35人学級への改定はなされているんですよね？

半澤 2021（令和3）年制定の「公立義務教育諸学校の学級編制及び教職員定数の標準に関する法律の一部を改正する法律」の施行により、令和3年度から5年間かけて小学校の学級編制の標準を40人から35人に引き下げるようになりました。このことにより、令和4年度は1年生から3年生までが35人学級となります。

渡邉 今まで40人定員だから。これがインクルーシブ教育が進まない一つの要因であると思ってきました。ヨーロッパなどは通常の学級の学級定員は15人から20人だといわれています。障害者がいると、もっと定員が減るそうです。日本の場

合、35人になると、場合によっては1クラス20人より少なくなるのではないかと思われます。

高橋　36人になると2学級になって、1クラスが18人になります。

半澤　1学年2クラスだと、1クラスが18人になることもあります。

渡邉　そういう学級が出てくると、それは支援につながるのかどうかということがありますが、高橋先生のところではいかがでしょうか。

高橋　支援につながるというよりも、支援のしやすさという点では、20人規模の学級と30人以上いる学級では、やはり先生の目のかけ方が違うので、相対的に支援が必要な子は小規模であったほうがいいというのはありますね。

渡邉　35人定員にしたということは、我々は歓迎すべきことでしょうか。

高橋　そうですね。

渡邉　それが障害のある、あるいは支援のニーズのある子への支援につながっていくんだということであれば、これは歓迎したいと思います。

半澤　児童生徒1人に対して、教員がどの程度つくかはとても重要なことです。ですから、人数が増えれば教育費も増えるし、それから先生の補助の人も増えていきます。

渡邉　そうですね。

半澤　20人なら20人ですよ。そうやって増えたら補助の人とか予算がつくという。だから、そういう標準法の改正が必要です。

渡邉　なかなか難しいですね。35人でも容易ではなかったわけですから。

通級による指導、特別支援学級、特別支援学校の役割とそのあり方

渡邉　それでは次に、通級による指導、特別支援学級、特別支援学校の役割とそのあり方についてお願いします。

中西　これからインクルーシブ教育を進めていくには、特別支援学級、特別支援学校に在籍している子どもたちに、通常の学級の学びの機会を積極的につくることが、特別支援学級や特別支援学校の先生に求められていくと考えています。通常の学級に学ぶ機会をつくる際には、どのような合理的配慮の提供が求められるのか、障害のある児童生徒が充実した学びになるための工夫は何かということを、特別支援学級や特別支援学校の先生方の専門性に基づく情報提供等が期待されると思います。

半澤　特に通級による指導についてお話をしますが、私自身も通級指導を10年間ほど担任をして感じていることは、その機能とか役割、責任、特に通常の学級を補佐していく機能という面でインクルーシブ教育の推進の重要な役割をこれからも担っていくということです。

ただ、今、懸念しているのは、通級による指導の対象者が全国的に急増してきていることです。特に東京は巡回指導という指導体制で、子どもが通わなくて済む仕組みに変えてはいるんですが、令和2年度での小中学校の情緒障害（固定、通級、巡回）教育を担当している教員数が約2,700人いて、通級指導対象の子どもも2万5千人を超えてきています。

主に発達障害の子どもが中心ですが、その指導がどう変わってきたかというと、通級による指導を巡回指導に変えたのですが、週1時間か2時間だけしか指導できない状況になってしまいました。先ほど、自立活動という課題も大きいとの話がありましたが、教科の補充が必要な子どもも実際にはいるのですけれども、それができなくなってしまっています。学校教育法施行規則第140条の規定による特別の教育課程としては、平成5年文部省告示第7号で、通級による指導は月1回程度から週8時間までとなっています。特別支援学級の対象ではない通常の学級に在籍している子どもが対象ですが、子どもによっては、週3時間〜8時間指導が必要な子どももいます。本来は、それだけ手厚い指導が必要な子どもも通級指導の対象です。

ところが東京都は、その子どもたちの指導の場を奪ったのです。どんなに指導を手厚く必要としていても、週1時間、2時間しか対応できないんですよ。しかも個別指導中心になっています。小集団指導という人間関係づくりに必要な指導もなかなかできなくなってくる。つまり、通級による指導の一部分しか巡回指導は対応していないことになります。だから、通常の学級に不適応となる子どもが特別支援学級に追い出されることもあります。

また、場合によっては、通級指導が必要でも1時間も指導を受けられないで、通常の学級の中で悶々としている子どもも増えくることが予測されます。通級による指導が限定的な機能になってしまっているという課題があります。全国的にも同じような傾向が出てくるかもしれません。そうすると大切な通級指導の機能なのに、十分、機能できない仕組みに変わってしまうことを強く危惧しています。

渡邉 東京の巡回による指導は、特別支援教室の名を使わないでいただきたいと私は思います。東京の巡回による指導は特別支援教室ではないと思います。宇都宮は通級指導教室をしっかり確保した上で特別支援教室を設置しています。

半澤 そうですよね。

渡邉 宇都宮のような特別支援教室を設置すれば東京も、今、半澤先生が言われたような通級が破壊されたり、崩壊したりすることはないと思います。東京の巡回による指導は、特別支援教室ではないということを言っていかなければいけないと思います。

高橋 今の話で、そもそも、最初は東京都も三層構造といって、特別支援学級、通級、支援教室という構想があったんですよね。だから、宇都宮のやり方を構想していたはずなんだけども、通級をなくして、全部、特別支援教室にしてしまったものだから、半澤先生が指摘するような事例が出ているということがあります。

「多様な教育の場」を先生方や子どもたちや保護者に説明するときに、最近、こういう説明をするんです。通常の学級が無理だから支援学級、支援学級が無理だから支援学校という考え方は取らないでくださいと。たとえば、サッカーをやるのに自分の中学校の部活でやるという人もいるだろう。地域のスポーツクラブに行ってやる人もいるだろう。Jリーグのジュニアチームに入ってやる人もいるだろうと。そういう選び方と同じような感覚で見てほしいという話をよくしているんですね。

実際に特別支援学級の担任を21年やって、通常の学級に戻した子が5人ぐらいいます。特別支援学級へ行ったからといって、もう通常の学級に戻れないということではない。サッカーの例を挙げましたけれども、中学校の部活レベルでも地域クラブチームぐらいのレベルにすることもできるでしょうというようなイメージで、今、僕は通常の学級の教育というのを考えているんですね。だから、通常の学級だったら、もうここまでしかできないよということではなくて、どうやったらできる部分が増えるんだろうという発想でいく。

特別支援学級や特別支援学校も、それぞれのよさを生かしながら切磋琢磨していく状況がないと、特別支援学級は通常の学級で排除されて、特別支援学級はその通常の学級の尻拭いをさせられている、特別支援学校は特別支援学級で排除されて、特別支援学校は特別支援学級の尻拭いをさせられているというイメージがいまだにどこかに担任の中にあったりするので、そこは払拭していきたいと思います。

渡邉 半澤先生と広島の市立特別支援学校に行ったのですが、ものすごい大規模な学校で、インクルーシブ教育が進むはずがないと私たちは思うわけです。そうしますと、学校の地域性をインクルーシブ教育の中で進めていかなければならないと思います。その意味で、特別支援学校のあり方について、共同学習がいいと、そこで納まっていていいのでしょうか。私たちはかつて、できたら都道府県立から市立の特別支援学校を理想と思っていました。それはなぜかと言いますと、地域

性が重要だからです。インクルーシブ教育には地域性が必要なんだという観点を持っていたと思うんですが、その思いは今はいかがでしょうか。

中西　特別支援学校の子どもたちは、地域との関係が希薄になりがちなので、渡邉先生からお話がありましたように、特別支援学校の子どもたちの学びは、地域に根差した教育にしていかないといけないと思います。今回、特別支援学校の設置基準が設けられることとなりましたが、地域に根差した形での特別支援学校の配置も重要だと思います。

渡邉　特別支援学校の地域性という議論が、今なくなってきていますね。我々がそれを叫んでないということに起因しているので、それをもう少し特別支援学校のあり方として求めていかなければいけないんじゃないでしょうか。

●二重学籍と「交流及び共同学習」

渡邉　それからもう一つ、埼玉の支援籍、東京ですと副籍でしょうか?埼玉の支援籍の話をしながら、そこでとどまっているのですが、今は共同学習のほうに軸を置いたとなると問題なので、議論しておきたいと思います。

中西　東京都の副籍制度も埼玉県の支援籍制度も、基本的には地域の中で子どもたちの育ちの機会を設けていくことを目的としています。そういった中で、副籍制度や支援籍制度を活用した「交流及び共同学習」が実施されているのですが、それらの実施に対する支援があまりにも弱いので、なかなか副籍制度を活用した「交流及び共同学習」の実施率が伸びていません。副籍制度や支援籍制度を活用した「交流及び共同学習」の実施が容易となる方策を検討しなければいけないと思います。

さらに、今後、子どもたちが地域の中で育っていく地域性を大切にしていくという意味においては、基本的には通常の学級に籍があることを大切にしていくインクルーシブ教育の仕組みが必要と思います。そして、東京都の副籍制度や埼玉県の支援籍制度を活用した「交流及び共同学習」の充実を図りながら、将来的には二重学籍を認めていく取り組みが大切かと思います。

渡邉　高橋先生、そのあたりいかがですか。

高橋　二重学籍については、なかなか実現は難しいんですけれども、実は25年ぐらい前に学会で山口薫先生が二重学籍の話をされたときに、それは無理でしょうという話を僕はしたんだけど、いや、そういうことを実現していかないといけない、と山口先生はおしゃっていたのですね。山口先生のおっしゃっていたのは慧眼だなと思って。

なぜかと言うと、一つは副籍をやっていても、基本的に自分の学級にも籍があるんだよと考えたとき、それは担任にとって我が事なんですね。だから、特別支援学校から来たお客さんということではなく、うちの学級の一員であるという、そういう自覚を持たせるという点でもすごく大事だと思います。それが教員定数に反映されると、もっといいとは思うのですが、そこがネックで、予算の問題でなかなか二重学籍の実現にはいかないんだろうなと思うのですけれども。

あと、特別支援学校については、特別支援学級は通常の学校にフィールドを置いているので、150人も教員がいる規模の学校というのは、学校としてイメージできないというのが正直なところです。杉並区の場合は、区立の特別支援学校、済美養護を持っているので、そういう点では都立の特別支援学校に比べて、直接交流の割合がかなり高いんですね、副籍事業でも。先ほど渡邉先生が指摘された、インクルーシブ教育には地域性が必要だという点では、特別支援学校も含めて、その地域での支援の枠組みの一つとして押さえていく必要があると思います。

渡邉　ありがとうございました。当時の民主党の鳩山政権の中で、障害者制度改革推進会議では、一時、二重学籍の問題が触れられたので、これを今度は自民党側の委員の方たちに二重学籍の必要性を私たちは訴えていかなきゃいけないと、そういうふうに思います。ありがとうございました。

教員の意識改革

渡邉 それでは、最後に、通常の学級の先生、管理職、そして特別支援学校の先生方の意識改革について、最も大事だと私は思っています。まず半澤先生からお願いします。

半澤 意識改革についてですが、この意識というのはやはり障害のある人たちと直接かかわる経験から学んでいくものであり、障害という切り口だけではなく多様性を尊重して、いろいろな人とかかわって自分自身の寛容性を広げていこうとする向上心が大切です。たとえば、クラスに35人いたら、35人の多様な子どもがいるわけですが、そういう子どもたち一人ひとりを大切にしていこうとするときに、先生自身の経験とか意識みたいなものにより、感覚としてすんなり受け入れられる子どももいるけれども、違和感があり平等に対応ができない子どももいます。

今日は障害という切り口、特別支援という切り口ですが、先生の意識としては、どんな子どもでも受け入れていく、どんな子どもでも教育していく、教育公務員としての役割・責務としての意識をまずもってもらいたいと思います。障害についての詳しい専門性とか技術などは関係機関といろいろ連携しながら学んでいけばいいことですが、どんな子どもでも受け入れていくという意識改革が一番大切だと思います。

それから、特別支援学校の地域性の話が出ましたけれども、自分たちが指導している子どもたちは、特別な子どもとか、限られた場所で限られた子どもたちだけを教育しているというのではなくて、子どもたちが地域の中で生きていて、地域の一つの学校の先生なんですから、地域とも連携していくという面での専門性も広げていってほしいと思います。

今、学校教育法の中で、特別支援学校の機能・役割として、地域の学校からの相談があれば、指導・助言するというような法令上の位置付けもありますが、もっと積極的に地域に出ていく意識

をもってもらいたいと思います。また、特別支援学校の方から地域に出て行って、情報を得て、様々な活動に子どもを参加させていくことを広げることが大切です。

この座談会の最初に、通常の学級からのアプローチが必要だという話をしましたが、まだ、時代としては特別支援学校の方から自分の学校を紹介して地域に入っていくことが必要ではないでしょうか。そういう意識をもってもらいたいと思います。

高橋 特別支援学校からまだまだアプローチをしなければいけないという半澤先生のお話でしたけれども、通常の学級もきちんと意識していく必要があると思います。私は特別支援学級の担任だったので、その支援学級の担任がお願いして交流をするという図式はおかしいだろうということで、自分が教務主任のときに学校の提案として交流をやったんですね。そうしたら、通常の先生方がいきなり変わって、やっぱり今まで特別支援学級に頼まれてやっていたことが、自分事だと意識が変わったということがありました。ですので、そうした取り組みは大事だと思います。

先生方の意識の改革は、この10年ずっと自分の課題としておきながら、なかなか難しく、その一つの取り組みとして「インクルーシブ研修だより」を書いていたわけです。今までいろいろなところでうまくいかなかったのは、通常の学級においては担任任せにし過ぎていたという傾向がすごくある。だから、担任任せにしない。支援の必要な子がいたら、みんなで助け合おうよと。管理職はその先頭に立たないといけない、ということを大事にしていく。これが教員の意識を変えていく一つのバックボーンにはなるのかなと思っています。

それから、これは冒頭に中西先生がおっしゃっていましたけれども、新しい学習指導要領の連続性・関連性、そして特別支援学校の学習指導要領と通常の学校の学習指導要領が同時に出て、枠組みも同じだということをもっと大事にすべきだろうと思います。私は半分、自慢げに言ってるん

ですけれども、校長室に特別支援学校の学習指導要領解説も置いてある校長は私ぐらいしかいないだろうと。これは逆もしかりで、特別支援学校の先生方も通常の小学校なり中学校の学習指導要領を読んでいるかどうか。うちは特別支援学校だから、うちは通常の学校だからという枠組みが残っているかなと感じます。それを乗り越えていく必要はあるでしょう。

これまで実践してきた中で、通常の学級の先生方に積極的に話をしていたのは、やっぱり自立活動です。自立活動があらゆる教育活動の土台になるということです。特設した授業がなくても、こういうことが土台になっていることはみんなで学んできたので、通常の学級、特別支援学校という枠組みではなくて、その教育の連続性においてお互いを知り合うことを進めていくことは意識改革につながっていくのかなと思っています。

中西　特別支援教育が推進されていく中で、「障害のある児童は、私の学級じゃなくてもいいのでは?」と考えられる先生方も少なからずいるように思えます。特別支援教育の充実とともに、通常の学級を担当される先生方の意識の中に、より適切な教育の場の選択ということで、障害のある子どもを結果的に自分の学級から排除していくようにしていないかと懸念しています。障害のある子どものために頑張っている先生方がいらっしゃるということを認めつつも、どの子も取りこぼすことがない、自分の大切な学級の一人だという思いで通常の学級での教育を担っていただきたいと思っています。もう一つは、特別支援学校への期待です。特別支援学校学習指導要領の改訂では、幼稚園、小中学校、高等学校等とのつながりと連続性を踏まえて各教科等の目標・内容が改訂されました。特別支援学校は、地域の小中学校とのつながりと連続性がある学校であるということを踏まえた取り組みを進められていくことを期待しています。

●インクルーシブ教育を進めるために

中西　先生方の話と重なりますが、本当に通常の学級の先生、頑張っておられると思います。でも、通級による指導があり、特別支援学級があり、特別支援学校がある中で、この子は私の学級じゃなくてもいいんじゃない?というような思いが、この特別支援教育が浸透してきて、先生方の意識の中にあるんじゃないかなと。

本当に頑張っている先生方がいらっしゃるということを認めつつも、どの子も取りこぼすことがない、あなたの大切な学級の一人なんだよという思いで、これから一人一人の学級の子どもたちへの教育を進めていっていただきたいということが一つあります。

もう一つは、高橋先生の話と重なるのですけれども、特別支援学校の学習指導要領は、つながりと連続性を重視して改訂されました。小学校や中学校、そして高等学校とのつながりがあり、その土台は、今日、渡邉先生から改めて教えられた思いがありますけれども、地域性なんだと思います。そういった地域に根差したつながりと連続性がある学校だというところを押さえた特別支援学校の先生の意識を育んでいきたいと思います。

渡邉　ありがとうございました。中央教育審議会の初等中等教育分科会で「共生社会の形成に向けたインクルーシブ教育システム構築のための特別支援教育の推進(報告)」が出される前に、宮﨑英憲先生を囲んでヒアリングのような会がありました。そのときに私は管理職の先生方の意識改革、これなくしてはインクルーシブ、当時はシステムまで行ってなかったので、インクルーシブ教育が進まないんじゃないかと発言しました。そういう話を申し上げたら、そんなことはなく、学校の管理職の先生方の意識は変わっているんだというような話をされました。

結局、いろいろな先生から聞いてみますと、管理職の先生方の意識というのは、あまり変化はしておりません。高橋先生は何度もこの管理職の意識改革が大事だと言われているのですが、これを

改善する方策がなかなか見当たりません。ですから、私たちの議論の中では、管理職、昇格試験のときに、インクルーシブ教育の内容を論文として書かせるような試みを設けない限り、管理職の先生方の意識は変わらないのではないかと話し合いました。私はそういう危惧を持っています。

全国的な状況として、半澤先生は最初の話で、管理職の先生方の意識は変わりつつあるのではないかという感触を示されたのですが、いかがでしょうか。

半澤 小学校や中学校へ講師で伺ったとき、校長先生たちはだいぶ意識が変わってきたと感じています。学校経営として意識を持ってもらって、教職員にきちんと理解してもらうことを重視して、特にユニバーサルデザインとか合理的配慮やインクルーシブ教育自体、どういうことなのかを教職員に話してほしいと言う管理職が増えてきています。そういう学校だから講師として呼ばれるわけですが、すごく増えてきているというのが実感ですね。

ただ、それが1校の管理職ですから、教育委員会、自治体全体ではない。ですから、その中でトラブルが出てきたり、障害のある子どもを受け入れられなかったりするような事案があります。管理職の資質・能力も重要ですし、教育員会がインクルーシブ教育の視点を拓いていく取り組みも大切です。教育委員会がその方針を持っていないと、研修なども行われないわけですから、ぜひ、行政的な計画として充実していってほしいと願っています。

渡邉 ありがとうございました。ここで簡単なまとめをさせていただきます。

1つ目は、先進的な取り組みについてです。高橋校長先生は、先頭に立ってインクルーシブ教育の実践を進めておられるわけですが、そのような校長先生が1人でも2人でも増えてくるといいと思います。杉並区内では、先生方がチームをつくってインクルーシブ教育を進めるまでになってきています。そして、神奈川県では県を挙げてインク

ルーシブ教育を進めています。これが早く日本全国に線でつながるような、そういう実践になっていけばいいと思います。

2つ目は、中西先生からいただいた、土俵を通常の学級、通常の学校に置いて議論するということです。カスケードという通常の学級、通級による指導、特別支援学級、特別支援学校はあるけれども、カスケードでいいのかどうかということです。単なるカスケードではなく、その重点は通常の学級に置くというカスケードをきちんと展開していかなければならない、そのような考えをいただきました。

それから3つ目は、モディフィケーションということです。これは半澤先生がずっと持論で進められていますが、このモディフィケーションに対する具体的な提案を私たちからしていかなければならないと思います。これは、インクルーシブ教育を進めていく上でとても重要な観点です。こういうモデルを示さない限り、改革も進まないんじゃないかと、そういう印象を持ちました。

今日、この座談会を持ちまして、方向性、課題はもう明確に見えていますが、ただ、それを一つ一つ実現させていくというのは困難な課題があります。しかし、我々はひとときも無駄にせず、インクルーシブ教育を着実に進めていかなければけないということを、今日、再認識をしたということで、まとめとさせていただきます。どうもありがとうございました。(拍手)

（2021年12月27日
杉並区立桃井第一小学校校長室にて）

おわりに

　自分の教員生活を振り返ると、34年間でかかわってきた子どもたち、保護者の皆様、先生方、地域の皆様、諸先輩方など多くの人々からの学びと支えがあって、拙いながらもやってこれたんだなあ、としみじみ思います。教育は「人と人のつながり」だな、と改めて思います。その中でも、特に障害児教育実践研究会の皆様からは、研究会や研究会合宿でたくさんの刺激をいただき、また実践の支えになりました。感謝申し上げます。

　主幹教諭になったときに、多くの諸先輩方から、「管理職にならなくても」「実践の道を捨てるのか」「体制に迎合していくのか」等、批判的なご意見をいただきました。そんななかで、渡邉健治先生だけが「いや、管理職になるべきなのだ」と一貫して支持してくださいました。結果として、それがよかったのかどうか、まだ私自身にもわかりませんが、少なくとも渡邉先生の支持がなければここまでやってこれなかったと思っています。この本の刊行にあたっても、本当に多くのご苦労をおかけしました。ありがとうございました。深く感謝申し上げます。

　教員の頃、「管理職にはなるものか」と思っていましたが、不思議なもので、主幹教諭になればなったで、副校長になればなったで、応援してくださる方はいるんだなあと感じています。そうした方々にも支えられてきたんだなあ、と思います。

　ご指導をいただいた皆様、応援してくださった皆様に、この本を捧げたいと思います。そして、この本を読んで、インクルーシブ教育に興味・関心をもって、次の時代を切り開いていってくれる人が、一人でも出てくれば、これほどの喜びはありません。

　この本の刊行に際してご支援ご協力いただきましたすべての皆様に感謝申し上げて、おわりのことばとさせていただきます。ありがとうございました。

2023（令和5）年3月

高橋　浩平

【監修者プロフィール】

渡邉　健治（わたなべ　けんじ）

　1948 年生まれ。1979 年筑波大学心身障害研究科博士課程中退。1993 年博士（教育学）の学位取得。1979 年重症心身障害児施設島田療育センター指導員を経て、2013 年東京学芸大学専任講師に赴任。助教授、教授を経て 2013 年 3 月東京学芸大学特別支援科学講座を定年退職するとともに、東京学芸大学名誉教授となる。2004 年 4 月から 2008 年 3 月まで国立東京学芸大学理事・副学長。2014 〜 2019 年奈良県所在の畿央大学教授。現在、東京学芸大学名誉教授。

　2019 年から現在、特別支援教育実践研究学会会長。専門は、障害児教育学、ロシア教育研究。著書に『ロシア障害児教育史の研究』（風間書房、1996 年）、編著に『子どもの発達と特別支援教育』（ジアース教育新社、2008 年）、『特別支援教育における子どもの発達と教育方法』（田研出版、2011 年、『特別支援教育からインクルーシブ教育への展望』（クリエイツかもがわ、2012 年）、『知的障害教育を拓く自立活動の指導』（ジアース教育新社、2021 年）、他。

【著者プロフィール】

高橋　浩平（たかはし　こうへい）

　1960 年生まれ。埼玉大学教育学部卒業。東京都公立小学校教諭、主幹、副校長、校長、統括校長として 34 年間勤務。再任用で現在も勤務中。日本特殊教育学会、日本特別ニーズ教育学会、特別支援教育実践学会会員。

主な著書：『特別支援教育の子ども理解と授業づくり－授業づくりを『楽しく』始める教師になる－』黎明書房、2007（共編著）、『特別支援教育キャリアアップシリーズ②特別支援教育の授業を組み立てよう－授業づくりを『豊かに』構想できる教師になる－』黎明書房、2007（共編著）、『特別支援教育キャリアアップシリーズ③特別支援教育のカリキュラム開発力を養おう－授業を『深める』ことのできる教師になる－』黎明書房、2008（共編著）、『特別支援教育の実践力をアップする技とコツ６８』黎明書房、2008（共著）、『自閉症児のコミュニケーション形成と授業づくり・学級づくり』黎明書房、2011（共編著）、『小学校学級担任のためのよくわかるインクルーシブ教育課題解決Ｑ＆Ａ』開隆堂出版、2019（共著）、『小・中学校管理職のためのよくわかるインクルーシブ教育課題解決Ｑ＆Ａ』開隆堂出版、2019（共著）

私たちが求める
インクルーシブ教育への挑戦

−小学校長の教育実践の試みを通して−

2023 年 3 月 25 日　初版第 1 刷発行

■監　修　　渡邉　健治
■著　　　　高橋　浩平
■発行者　　加藤　勝博
■発行所　　株式会社 ジアース教育新社
　　　　　　〒 101-0054　東京都千代田区神田錦町 1-23　宗保第 2 ビル
　　　　　　TEL：03-5282-7183　FAX：03-5282-7892
　　　　　　E-mail：info@kyoikushinsha.co.jp
　　　　　　URL：https://www.kyoikushinsha.co.jp/

■ DTP・表紙デザイン　土屋図形 株式会社
■印刷・製本　三美印刷 株式会社
○定価は表紙に表示してあります。
○乱丁・落丁はお取り替えいたします。（禁無断転載）
Printed in Japan
ISBN978-4-86371-650-6